全域旅游创新模式研究丛书 第二辑 戴学锋◎主编

改革试点撬动经济转型，
度假休闲塑造国际品牌，旅游发展造福城乡民生

全域旅游的德清模式

德清县文化和广电旅游体育局
北京联合大学旅游学院 ◎编著

中国旅游出版社

《全域旅游的德清模式》编委会

《全域旅游创新模式研究丛书》序

1978 年中共十一届三中全会拉开了中国改革开放的大幕，当时要解决的核心问题是生产要素固化的问题，那时候每一台机器设备、每一块土地、每一项技术甚至每一个人，都被固化在"单位"上，不能按照市场的要求流动。中共十一届三中全会决议最重要的就是要打破几十年计划体制形成的生产要素固化的弊端，然而从哪里入手突破？为此，邓小平同志于 1979 年发表黄山讲话，把旅游业作为改革开放先行先试的行业。

中共十一届三中全会的第二年——1979 年出台了《中华人民共和国合资经营企业法》，1980 年就有三家合资企业诞生——京港合资北京航空食品有限公司、中美合资北京建国饭店和中美合资长城饭店，这三家企业中，有"两家半"是旅游企业。这些企业在打破生产要素固化，特别是打破人事管理方面固化的计划经济体制做出了积极的贡献，在企业内部用人制度上，实现了取消干部和工人的界限，打破了八级工制只能上不能下、收入封顶、干多干少收入一样、企业不能辞退员工等僵化的计划体制弊端，为生产要素按照市场需要的方式配置进行了积极有效的探索。此后，深谙邓小平同志改革开放理论的胡耀邦同志提出全国学建国，把旅游业的改革经验推广到了全国。

由于中国的改革开放走的是一条渐进式的改革道路，经过改革开放 40 多年的实践，我国在打破生产要素固化方面已经较为完善，然而在对市场经济的管理方式上，不适应当前市场经济发展的方面还不少，而且越早制定的法规条例越不适应市场经济发展的需要。因此，在 2013 年再次启动改革的中共十八届三中全会上，提出了"要让市场在资源分配中发挥决定性作用"的重要思想，并提出"全面深化改革的总目标是完善和发展中国特色社会主义制度，推进国家治理体系和治理能力现代化"。中共十八届三中全会的第二年，也就是被社会各界认为是中国全面深化改革元年的 2014

年，国务院出台了 31 号文《关于促进旅游业改革发展的若干意见》，显然是再次把旅游业作为了改革的破冰产业。

作为全面深化改革破冰产业的旅游业从哪里入手，怎么解决管理体制僵化的矛盾，如何建立起"让市场在资源分配中发挥决定性作用"的管理体制，面对这一系列问题，国家旅游行政管理最高层开出的药方是"全域旅游"。全域旅游是指在一定区域内，以旅游业为优势产业，通过对区域内经济社会资源尤其是旅游资源、相关产业、生态环境、公共服务、体制机制、政策法规、文明素质等进行全方位、系统化的优化提升，实现区域资源有机整合、产业融合发展、社会共建共享，以旅游业带动和促进经济社会协调发展的一种新的区域协调发展理念和模式。

改革开放之初，以旅游业为突破口带动全面改革开放的一个重要举措，就是中央层面的改革开放思想在解放生产要素的最基层——企业上率先实践，从而融化了生产要素固化的坚冰，使改革开放落到了实处。全面深化改革关键是"推进国家治理体系和治理能力现代化"和"让市场在资源分配中发挥决定性作用"，也就是要解决政府对市场经济管理方式固化的问题，此时的最基层显然是基层政府，也就是以旅游业为优势产业的县。因为，县级是自秦始皇制定郡县制以来，中国最基本的行政管理细胞。全域旅游通过县级层面的先行先试，突破不再适应社会主义市场经济的体制机制、政策法规、软硬各种环境，建立起以旅游市场分配资源的新理念，以旅游业带动社会经济全面发展的新模式。

自全域旅游概念提出以来，以旅游业为优势产业的地区，围绕让旅游市场在资源分配中发挥决定性作用，以创建全域旅游示范区为抓手，在全国各地探索了很多创新管理经验，有的在旅游业管理体制机制上，有的在招商引资方式上，有的在土地利用上，有的在财政金融支持上，有的在旅游市场治理上，有的在维护旅游者合法权益上等方面进行了全方位积极的探索。为了进一步总结各地创建全域旅游示范区的经验，我们组织编写了这套《全域旅游创新模式研究丛书》，希望全域旅游示范区建设在推动全面深化改革中的好做法能得到广泛推广，希望旅游业能为全面深化改革做出更大贡献。

戴学锋

序

人有德行，如水至清。位于长三角腹地的德清，依托县域良好的生态资源、悠远的人文历史和优越的区位交通，全面实施"全域旅游"战略。

"原生态养生、国际化休闲"，德清是中国国际乡村度假旅游目的地，先后荣获省旅游经济强县、全国休闲农业与乡村旅游示范县、全省首批全域旅游示范县等称号。"想裸心、到德清"，德清是中国"洋家乐"的发源地，德清莫干山被原国家旅游局列入全国30个国际特色旅游目的地之一，环莫干山洋家乐乡村旅游区被原国家旅游局评为全国首批乡村旅游创客示范基地，2017年德清洋家乐成为全国首个服务类生态原产地保护产品。2020年，我县共接待国内旅游者2214.7万人次，过夜游客1058.8万人次，旅游业总收入330.54亿元。全县乡村旅游接待游客962.3万人次，实现直接营业收入39.4亿元。2020年旅游产业增加值44.04亿元，占GDP比重达8.09%。

"发展全域旅游，路子是对的，要坚持走下去。"德清自开展国家全域旅游示范县建设以来，以美丽乡村、美丽城镇建设为抓手，把千村示范、万村整治进行升级打造，变美丽环境为美丽经济，以景区村、景区镇、景区城为基础，链式推进催生全域治理，全面建成处处风景皆诗意的"全域旅游示范县"。

德清作为改革大县，围绕土地要素权益改革创新，撬动旅游产业转型升级，成为全域旅游发展新引擎。通过农业供给侧结构性改革、"多规合一""农地入市""坡地村镇"试点、宅基地"三权分置"等多项涉旅改革，充分激活德清农村旅游资源的转化。德清县先后出现了全国第一宗农村集体经营性建设用地入市项目——醉清风、全省第一个点状供地项目——裸心谷……破解了长期以来旅游用地规模大、供地难的问题。这些改革红利的释放有力地推动了德清全域旅游的高质量发展。

德清深入践行以乡村旅游富民强村，新业态旅游引领产业发展的全域旅游发展思路，围绕旅游发展造福城乡民生，释放旅游示范带动活力，夯实全域旅游发展基本面。目前德清拥有莫干山国家级风景名胜区、莫干山国家级旅游度假区、5个国家4A级旅游景区、10个3A级旅游景区。全县还有全国旅游重点村镇2个，3A级景区村庄30个，已实现了A级景区村庄宜创村全覆盖。除此之外，全县拥有省级工业旅游示范基地5家、省级休闲运动示范基地3家、省级果蔬采摘基地4家、省级休闲渔业示范基地2家、省级休闲农业与乡村旅游示范点2个。德清县发挥生态优势，探索低碳环保的旅游经济发展方式，积极打造"洋家乐"高端旅游品牌。通过实施"一把扫帚扫到底""一根管子接到底"、西部山区截污纳管等工程，A级景区村庄截污纳管率（集中处理率）达到100%。洋家乐等民宿经济新业态的发展，吸引大量外来资本投入与返乡青年回乡创业，积极带动了当地金融、客运、餐饮、建筑装修、农副特产等产业发展。据初步统计，仅民宿产业吸收县内直接从业人员4800余人，间接带动就业超过32000人，人均年收入为4.5万元，真正让叶子变票子，实现了美丽乡村向美丽经济转化，切实提升了老百姓的幸福指数。2017年中国十佳宜居县城德清居首位，"2018年中国幸福百县榜"上德清排名第23位。德清全域旅游的发展为德清县践行两山理论，打造样板地、模范生，提供了生动的实践。

德清积极探索创新旅游管理机制，为全域旅游发展保驾护航。德清成立县文化旅游工作领导小组，统筹指导全县文化旅游发展。综合出台了国内首部地方民宿管理办法，创新实践了民宿联合审批验收机制，破解民宿审批管理缺失问题。在全市率先成立旅游巡回审判庭、旅游警察大队、市场监管旅游分局，实施民宿安全网格化管理，构建了"1+3"的旅游综合执法体系。德清成立了由分管副县长任组长的文旅产业招商组，对旅游投资项目实施预评价机制，从源头上把控，提高项目引进质量。并出台了多个涉旅的专项政策文件，设立每年不少于3000万元的旅游专项资金，为全域旅游发展提供政策支持。

德清依托"一核两翼"旅游空间格局，持续推进"优精特"文旅项目建设，以龙头旅游项目为引领，持续增强发展后劲。县内陆续建成了裸心谷、裸心堡、开元森泊度假乐园、郡安里度假区、法国山居、德清大剧院、国际会展中心、Discovery探索极限基地、下渚湖度假村、芝麻谷等一批深受市场欢迎的高端休闲度假项目。江南瑶坞、象月湖国际休闲度假谷、运河新天地、如意航空科技园、AI莫干山等一批重点在建项目加快推进，计划总投资达350多亿元。

德清以完善的全域旅游公共服务体系，为全域旅游高质量发展提供实现路径。以环莫干山异国风情景观线、水乡古镇景观线等十大美丽乡村景观线为主干，全县先后建成莫干山绕镇公路、下渚湖环湖公路、新三莫线等通景公路。异国风情观光线绿道、余英溪绿道2条绿道获得全省"最美绿道"称号，陆续建成滨水、森林、城市、田园等各类型绿道共计290千米。以莫干山旅游集散中心、下渚湖景区游客中心、仙潭村游客中心等形成完善的三级集散服务网络，开通Y1、Y2、Y3高铁站至主要景区旅游公交，实现游运一体化。

德清历来就有"敢为人先、勇于创新"的基因。早在20世纪80年代，就在全国首创了产学研结合的"德清模式"。近年来，德清坚持在守正中创新、在传承中迭代，目前共承担了176项省级以上改革试点，在全国打响了"停不下来"的改革品牌。在文化和旅游融合发展，推进全域旅游的进程中，德清努力探索一条以文塑旅、以旅彰文，真正实现处处皆风景、时时有服务、行行旅游+、人人都享有，让人们在领略自然之美中感悟文化之美，陶冶心灵之美的德清之路。

目 录
CONTENTS

第一章　全域旅游推动德清发展
金字招牌带动发展潜能

　　依托杭州都市区组成部分的优越区域，德清县系统梳理文化和旅游资源优势，进行了千年莫干名山百年度假文化的文脉挖掘和营销。自 2017 年以来，在全县战略布局下大力发展全域旅游，推动旅游业转型升级和社会经济综合发展。德清县发展全域旅游不仅是践行"两山"重要思想的题中之义，也是建设大花园的重要举措，更是深化供给侧结构性改革的必然要求。德清县全域旅游呈现了一条独特的以土地权利撬动经济转型，以旅游发展造福城乡民生的"德清路径"，形成了独特的"德清模式"，打响了名山湿地古镇差异化发展名片、洋家乐莫干山为主的国际旅游名片、改革集成为主的产品发展名片、万村景区化与多镇特色化的特色发展名片等多张金名片。

　　德清县位于浙江北部，属湖州市下辖三县二区的县级单位之一。德清县位于 30°26′～30°42′N，119°45′～120°21′E，东望上海、南接杭州、北连太湖、西枕天目山麓。县境东西长 54.75 千米，南北宽 29.75 千米，全县总面积 937.93 平方千米。德清县地势西高东低，坡度自西向东逐渐趋于平缓，西部为低山区，中部的丘陵平原区属于山区向平原过渡延伸地带，东部为东苕溪之东的平原水乡。

　　德清是杭州都市区的重要组成部分。以杭宁高铁、杭宁高速、申嘉湖杭高速、104 国道、304 省道、德桐公路及京杭大运河、杭湖锡线等航道为骨架的德清对外交通运输已初步成网。武康城区至杭州、湖州已经形成半小时快捷交通圈，与周边县城、大中城市沟通接轨，为德清旅游业接沪融杭，为实现旅游一体化发展提供了良好的交通条件。

　　德清历史悠久，远在新石器时代已有人类繁衍生息。县名因濒临余不溪，取政德清明如水之义。宋代诗人葛应龙《左顾亭记》道："县因溪尚其清，溪亦因人而增其美，故号德清。"德清有千年古刹云岫寺、宋代石桥等一大批历史文化遗迹，还孕育了沈约、孟郊、管道昇等一大批历史文化名人。时至近代，德清在历史舞台上仍然活跃，特别是随着县域西部莫干山"天然消夏湾"名声的广为传播，大批在沪达官贵人、商界巨贾竞相追捧，纷纷在山上建造别墅、教堂，推动莫干山成为远近闻名的"世界近代建筑博物馆"，塑造了山上山下独特的"民国风情"海派文化表现形式。德清还有"鱼米之乡、丝绸之府、名山之胜、竹茶之地、文化之邦"之美誉，并有"中国最美湿地"下渚湖和素有"千年古运河、百年小上海"之誉的新市古镇。

德清县现辖 8 个镇、4 个街道，在社区村委层面有 29 个社区、7 个居民区（居委会）和 146 个行政村。2018 年年底德清县户籍人口 44.24 万，在湖州市 5 个县级单位中人口数最少。

表 1-1　德清县的下辖单位概况

街道/镇	面积/km²	下辖社区和村	人口/万人	旅游情况
武康街道	59	11 个社区：居仁、吉祥、春晖、永兴、祥和、群安、振兴、英溪、丰桥、五龙、新丰 3 个行政村：对河口、城西、千秋	6.5（H），10（C）	精品民宿 8 家
舞阳街道	96	3 个社区：舞阳、塔山、上柏 11 个行政村：宋村、塔山、上柏、山民、城山、双燕、长春、龙凤、下柏、太平、灯塔	3.4（H），5.5（C）	省级与市级非遗，多个人文历史资源点
阜溪街道	99	3 个社区：三桥、狮山、兴山 9 个行政村：五四、三桥、民进、龙山、龙胜、王母山、秋北、秋山、郭肇	2.6（H），6.8（C）	
下渚湖街道	67	1 个居委会：封禹 14 个行政村：朱家、沿河、新琪、下杨、塘泾、塘家琪、四都、双桥、上杨、康介山、和睦、宝塔山、八字桥、二都	2.3	下渚湖风景区和防风古国文化园，市级美丽乡村示范乡镇
乾元镇	66.88	5 个社区：直街、东郊、溪街、西郊、北郊 10 个行政村：明星、金火、联星、恒星、齐星、卫星、金鹅山、联合、幸福、城北	4.5（H），6.1（C）	全国小城镇综合发展千强镇、省小城镇综合治理样板镇
新市镇	92	4 个社区：东升、南昌、仙潭、西安 24 个行政村：城东、乐安、孟溪、蔡界、谷门、石泉、东安、城西、句城、梅林、加元、勇兴、栎林、丰年、韶村、新塘、王公郎、水北、士林、舍渭、宋市、白彪、子思桥、厚皋	8.9	中国历史文化名镇、全国重点镇、全国小城镇综合发展千强镇

续表

街道/镇	面积/km²	下辖社区和村	人口/万人	旅游情况
钟管镇	78	1个社区：南湖 19个行政村：东坝斗、干山、干村、东干、茅山、葛山、蠡山、塍头、北代舍、青墩、三墩、审塘、新联、沈家墩、钟管、东舍墩、曲溪、戈亭、下塘	4.1（H），5（C）	
洛舍镇	47.32	1个居委会：洛舍 6个行政村：张陆湾、燕塘、三家、东衡、砂村、洛舍	1.8（H），2.3（C）	木业重镇、钢琴之乡
雷甸镇	54	雷甸镇1个社区：中兴社区 11个行政村：雷甸、下高桥、东新、杨墩、新利、和平、光辉、双溪、解放、塘北、水产	4.72	全国综合实力千强镇，有杨墩枇杷、双溪西瓜特产和欧诗漫珍珠工业旅游
禹越镇	39	1个居委会：兴隆 10个行政村：木桥头、东港、高桥、栖湖、钱塘、三林、天皇殿、西港、夏东、杨家坝	3.4	百亩漾、木桥村、划龙船
新安镇	57	1个居委会：新安 11个行政村：舍南、勾里、舍北、城头、下舍、新桥、西庙桥、舍东、孙家桥、舍西、百富兜	3.1	董家墩遗址、南埭湾遗址、新安高桥遗址、明嘉靖吴江墓遗址、二古寺
莫干山镇	185.77	3个居委会：庾村、莫干山、筏头 18个行政村：大造坞、庙前、后坞、姚坞、四合、南路、仙潭、佛堂、兰树坑、上皋坞、勤劳、东沈、筏头、紫岭、何村、劳岭、燎原、高峰	3.1	莫干山

注：H为户籍人口，C为常住人口。

数据来源：根据德清县政府网站相关网页进行整理。

德清的经济发展迅速，GDP由1978年的1.42亿元跃升到2018年的517亿元，增长了364倍，犹如"现在一天等于过去一年"（图1-1）。2018年，德清县财政总收入 100.8 亿元，其中地方财政收入 59.1 亿元；城镇、农村居民人均可支配收入分别提高到 54863 元和 32723 元。

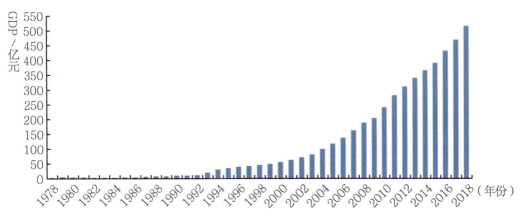

图 1-1　1978—2018 年德清县 GDP 增长图

数据来源:《湖州统计年鉴 2019》。

　　自改革开放以来，德清干部群众把美丽德清作为可持续发展的最大本钱，护美绿水青山、做大金山银山，不断丰富发展经济和保护生态之间的辩证关系，在实践中将"绿水青山就是金山银山"化为生动的现实。40 多年前，德清没有一条三级公路，去集镇要靠"两条腿"走路，去县城、省城要靠"两只手"摇船，现在，走高速、乘高铁、坐飞机，便捷又快速。从经济发展阶段看，德清从原来的卖石料转化为卖风景，走上一条绿色发展的道路。德清境内"五山一水四分田"，靠山吃山自古皆然。洛舍镇砂村原是长三角建筑石料的供应地之一。"绿水青山就是金山银山"的"两山"理论为德清发展提供了指引。德清县痛下决心整治经年沉疴，扭转矿山行业"低小散乱差"状态，改变退化的生态环境。1993 年，德清成为农业部等七部委确定的全国生态农业建设试点县，并于 1999 年通过验收。2005 年 1 月，德清县在浙江省率先提出建立西部乡镇生态补偿机制。2007 年 2 月，出台《德清县生态县建设专项资金奖励补助办法》。2013 年，砂村矿山在德清治理生态环境的号角声中逐渐消失，29 套石料机组、74 个码头、3000 多名工人、1000 多辆矿货车，逐渐淡出了人们的视野。原来都是泥浆的河流，开始回归清澈。与此同时，第三产业发展快速。1978 年，德清县第三产业增加值占生产总值的比例仅有 13.81%，1989 年才首次突破 20%，2005

年该比例首次突破 30%，达到 30.92%，到 2018 年德清县的第三产业增加值已经占到 GDP 的 43.92%（图 1-2）。

图 1-2 1978—2018 年德清县三产增加值变化图
数据来源：《湖州统计年鉴 2019》。

在经济转型的过程中，德清县以全域旅游为抓手，站位高远。通过全县全域全力推进旅游发展全域化、旅游供给品质化、旅游治理规范化、旅游效益最大化为主线，呈现了一条独特的以土地权利撬动经济转型，以旅游发展造福城乡民生的"德清路径"，推动了德清社会经济的高质量发展，进一步提升了德清的知名度，也带给人民群众更多的幸福感和获得感。德清模式充分展示了六大内涵：全面深化改革激发市场活力是德清全域旅游发展的核心动力；抓住发展机遇谋划全域蓝图是德清全域旅游发展的重要战略；从上到下务实工作落实到位是德清全域旅游发展的基本动能；立足经济转型重视区域差异是德清全域旅游发展的落地点；加强基层治理引领乡村复兴是德清全域旅游发展的出彩点；部门联动创新旅游管理机制是德清全域旅游发展的重要保障。由此形成德清名山湿地古镇三大金名片、以洋家乐为主的国际乡村旅游名片、以改革集成为主的产业旅游名片和以各具特色美丽城镇为主的小镇旅游名片，全面彰显了德清全域旅游的建设成就。

自 2007 年第一家"洋家乐"裸心乡诞生，至今德清县已有农洋家乐 750 余家。2018 年德清县接待国内外旅游者 2250.54 万人次，同比增长 13.44%；旅游总收入 260.17 亿元，同比增长 22.40%。目前德清县拥有国家 4A 级旅游景区 4 家、3A 级旅游景区10家以及A级景区村庄94家，初步构建起核心景区引领、次级景区景点配套、城镇村落连接的全域旅游空间格局，让消费体验更好、产业链条更长、供给方式更新，成了全省、全国的全域旅游样板。

第一节　全域旅游德清模式的发展历程

总体上，德清县由于背靠长三角这个潜力巨大且需求旺盛的旅游市场和诸多的知名人文旅游资源，旅游发展起步较早，为全域旅游的发展奠定了良好的基础。莫干山是德清旅游的发端地，加之新市镇成为国家级历史文化名镇和下渚湖景区开业并获得相应称号，奠定了德清县旅游发展的基本骨架。进一步随着旅游业政策扶持和全域旅游的发展理念引领，德清县积极践行"旅游+"的思路，推动了旅游与工业、农业、体育等融合发展，探索了"村+企业""村+创客团队"多种经营模式，丰富了旅游业态。行进在全域旅游建设的道路上，德清正全力冲刺目标，着力打造国际化旅游设施、多元化旅游产品、生态化旅游环境、品质化旅游服务，全面加快发展步伐。

一、乡村旅游，休闲德清（2007年以前）

（一）名山古镇湿地格局初步形成

莫干山休闲度假作为德清旅游业的发展开端，可追溯到清光绪二十四年（1898），英国传教士洪慈恩等因为莫干山山形山势与众不同，泉水清洁，可作避暑之用，所以择山购地建屋，首建莫干山别墅，距今已有100多年的历史。20世纪30年代，曾任国民政府外交部长的黄郛和夫人沈景英，在庾村筹建私立莫干小学，办农场、牛奶场、蚕种场等实业，同时建立一所藏书楼，收藏古版珍贵书籍及《万有文库》等万余册，供师生借阅。通过兴办教育、发展实业、探索农村发展道路等举措，在当时江浙一带的农村开风气之先，取得了一定的成绩，庾村形成了一定规模。抗日战争至中华人民共和国成立前设为莫干山乡、莫庾乡。随后，莫干山发展为民国四大避暑胜地之一，很多名人在此置业修建别墅。现在莫干山已经成为近代中国别墅建筑发展的缩影，因其与中国近代历史的重要人物、重要事件有相当密切的关系，也成为研究中国近代史的重要历史遗存。1949年，莫干山获得解放，设军事管制组。1951—1957年，华东疗养院成立，并先后建立数十家疗养院。1953年，浙江省人民政府设莫干山管理处。1958年，裁撤大部分疗养院。1985年，浙江省人民政府公布莫干山为第一批省级风景名胜区。1994年，经国务院批准被正式列为国家重点风景名胜区。20世纪80年代，莫干山已经开始接待游客的观光和避暑度假，简陋的招待所在夏季时也一床难求。与此同时，莫干山的很多别墅仍处于无人居住的境况，政府每年需要花大量的人力和物力进行修缮。

由于莫干山风景管理局属于省管机构，管理莫干山的中心景区，所以直到2004年5月1日下渚湖湿地正式向游客开放，才实现了德清县县管景区的门票零突破。下渚湖是具有多样性景观的典型天然湖泊湿地，为浙江省第五大内陆湖。其面积约为

莫干山名人梅藤更医生向小患者鞠躬

36.08平方千米，水域面积3.4平方千米，中心湖泊1.26平方千米，水深约2米，为长三角地区生态系统多样性高、原生状态保持最完整的天然湿地之一。湖区内有大小土墩600余处，湖中有墩（岛），墩（岛）中有湖，港汊纵横，形成了水网交错的独特水乡景观。下渚湖景区2006年成为省级风景名胜区，是德清县东部旅游发展新的着力点。

此外，还有位于德清县东部的新市镇，是江南七大古镇之一。新市镇历史悠久，始建于308年。新市镇文物古迹众多，现有省级文保单位新市河埠群及南圣堂、刘王庙戏台题记两处，县保单位觉海寺、德源当等，还有泰山堂药店、宋氏祠堂等历史建筑。2003年，新市镇被省政府列入杭州湾城市体系规划。同年，新市镇人民政府制定出台《新市镇古镇保护与管理暂行办法》。自2005年以来进行的古镇保护与修复

下渚湖

中，有关部门在西河口、寺前弄、直街、南汇街、陈家潭等公众游乐场所及文化景点均设立保护标志，将保护规划、修复方案、相应图纸进行公示。新市镇也是德清旅游发展的另一重要着力点。

新市镇

（二）市场驱动出现乡村旅游探索

21世纪初期，已经出现一些农户利用自家空闲的房屋，为周边近距离的游客提供一个周末休闲娱乐的场所，形成了"早上出发，中午吃饭，晚上回去"的简单型休闲消费模式；以农村自然景观为吸引物，以价廉味美的农家菜为主要特色，但缺少丰富的休闲活动项目，同时也没有或很少有住宿条件，此时的休闲农业处于自发探索阶段。在周边村民利用自家房屋夏季短时接待的基础上，2002年颐园别墅被租赁改建，开起莫干山最早的民宿，这对后期的莫干山民宿主具有极大的启蒙意义。

（三）休闲度假定位引领德清旅游

总体上，这个时期政府对旅游发展定位基本着眼于休闲度假和乡村旅游为主。尤其是不同时段的规划中对德清旅游发展的定位都是着眼于休闲度假。直到2016年，《德清县国民经济和社会发展"十三五"规划（2016—2020）》中将休闲旅游的地位上升至四大产业之一和主导产业。休闲旅游被列为"打造成为支撑德清未来发展的百亿级大产业"四大产业之一，德清经济社会发展规划中将旅游业定位为主导产业（表1-2）。

表1-2　不同时期的规划对德清旅游发展的定位

规划名称/时间	战略目标	产品定位
德清县旅游产业发展总体规划（2003—2012）	中国江南休闲度假第一县	我国生态休闲旅游知名品牌 成为长三角的重要目的地之一
德清县旅游业发展"十二五"规划（2011—2015）	生态文化体验目的地、休闲度假胜地、养生疗养基地	休闲度假旅游、康体养生旅游、文化体验旅游、商贸购物旅游
德清县域总体规划（2006—2020）	杭州北区、创业新城	以江南优雅的休闲度假产品为主题
湖州市旅游发展总体规划	山水清远、生态湖州	莫干山国际休闲旅游度假区、下渚湖湿地风景区

续表

规划名称/时间	战略目标	产品定位
德清县旅游发展总体规划（2013—2020）	中国江南休闲度假第一县、名山湿地古镇、休闲度假德清	国际户外运动休闲基地、中国著名避暑休闲胜地、中国洋家乐发源地、长三角休闲度假健康养生首选地
德清县国民经济和社会发展"十三五"规划（2016—2020）	休闲旅游被列为"打造成为支撑德清未来发展的百亿级大产业"四大产业之一，德清经济社会发展规划中将旅游业定位为主导产业	进一步提升和发展"洋家乐"高端休闲度假品牌，突出旅游业融合发展，建设环莫干山、下渚湖、新市古镇三大旅游板块

资料来源：根据不同规划整理。

（四）全域空间一体化战略已出现

值得关注的是，在《德清县旅游发展总体规划（2013—2020）》中提到旅游发展战略的两大战略为：全域空间一体化战略和国际化战略。由此可见，德清县旅游发展的过程中已经关注到空间发展不平衡和重点景区的带动发展意义，开始着眼于空间的一体化发展。这个发展战略导向已经具有全域旅游发展的思想雏形。

二、洋家乐引领全域美丽（2007—2017年）

（一）洋家乐开启德清民宿新时代

2007年，南非籍人士高天成到莫干山游玩，途经三九坞时，被这里幽静的自然环境吸引，就租下了几幢农民闲置的泥坯房，在不改变原有房屋结构、不破坏整体风格的基础上融入低碳、环保理念进行了装修，成立了裸心乡。"裸心乡"主要以提供自助餐、烧烤、住宿的方式，将整幢房屋交给客人自由使用，给客人足够的空间和自由，让客人享受难得的清净。这种回归自然、低碳生活、享受自由的生活方式备受上海等大城市外籍人士、白领的青睐，吸引了许多都市人前来休闲度假。基本上同期，2005年，在上海工作的法国人司徒夫和太太来到莫干山南麓的紫岭村，被美不胜收的山林环境打动，租下竹林和茶厂之间的老房子，作为家人和朋友聚会的私人场所。2007年，随着莫干山度假游客的增多，司徒夫将仙人坑茶厂改造成对外经营的精品度假酒店，2009年他买下茶园中更大面积的土地改造成风格独特的法式酒店。由于其独特的装修特点和文化特色，很多游客认为法国山居几乎就是一个"平移"到莫干山的法国乡村庄园。整个酒店只有40间客房，极好地保证了私密性。

裸心乡

法国山居

　　依托良好的市场区位和较好的口碑效应，2007 年之后来自英国、瑞典、荷兰、西班牙、法国等十多个国家的外国友人也纷纷在德清西部山区建起风格迥异的"洋家乐"。依托优良生态环境发展以住宿为主的休闲度假旅游产品开始受到重视，进入乡村民宿的规模扩张阶段。2009 年，德清在全国首创性地提出"洋家乐"的概念，"洋家乐"随之走向全国。同年，德清成功创建省旅游经济强县。2012 年，《纽约时报》旅游版评出"最值得去的 45 个地方"，莫干山排到了第 18 名。这对莫干山民宿是个极佳的宣传。随后德清的民宿以每年六七十家的速度增加，发展迅猛，并且随着投资主体不同，也形成了三种民宿的类型（表 1-3）。

表 1-3　莫干山民宿的投资主体类型划分

类型	投资主体人群	典型民宿	核心代表人物
洋家乐	喜欢中国文化和乡村环境的外国人	裸心谷、法国山居	高天成（其夫人叶凯欣获哈佛大学建筑硕士学位）、司徒夫
设计师民宿	上海和浙江等地设计师	大乐之野、清境原舍、庚村、翠域、无界	朱胜萱（东方园林·东联设计集团首席设计师）杨默涵（同济大学城市规划系毕业的规划师）
本地民宿	杭州或莫干山本地有情怀和远见的民宿主	莫干山居图、西坡、清研·莫干山、遥远的山	朱锦东沈晓承（莫干山人）

　　莫干山的民宿从一起步就有强大的设计师团队进入，所以它在景观营造、细节设计和资金投入方面都属于起点较高的类型，加之早期的市场也是定位在上海和杭州的外籍人士和白领，进一步扩散从而带动了大众市场。随着外国人投资增加，以及外来设计师团队和本地民宿主的进入，进一步扩大了民宿的范围。其中既有具有资本背景的，也有具有设计师背景的，但作为民宿重要技术表征的空间设计，莫干山民宿改造中设计师的介入保证了民宿的空间布局、景观质量和建筑细节的质量。例如，已经累计投入 1800 万元，总共有 5 栋房子大乐之野的民宿主人之一就是同济大学城市规划系毕业的规划师。清境原舍和庚村是由东方园林·东联设计集团首席设计师朱胜萱带

领的田园东方设计和经营的，这也是景观师转型去做民宿的典型代表。他们累计投入了将近1000万元。无界是由一位从澳大利亚留学回来的学服装设计的女孩做经营，日本的建筑师来做建筑立面，朱胜萱团队做景观设计。再如翠域民宿由奥地利设计师Genco设计，橡舍民宿的业主Anthony是新加坡的设计师，大乐之野二期民宿的设计师则都曾供职于贝聿铭、OMA、KPF等国际知名建筑事务所，云溪上民宿受邀参加2015年米兰世博会。总体上，德清在全国首创"洋家乐"这一乡村旅游新业态，并且在民宿的发展上形成了鲜明的类型分野和独特的风格，成为全国民宿发展学习的典型区域。

（二）首个县级标准推动品质提升

莫干山民宿的突出特点就是尊重当地传统建筑材质和民居风格。其中较为典型的是法国山居主人司徒夫对当地热衷建造西式风格楼房感到痛心，他认为应当保护和继承当地的民居风格，保留当地文化，才是莫干山民宿的根基所在。法国山居建筑依照莫干山当地传统民居风格设计，为此司徒夫和助手走访周边村落，拍摄了大量传统民居的图片并搜索资料进行研究。此地民居以黑色瓦片搭建屋顶，上半部分因为有屋檐可以挡雨而使得泥墙成为可能，下半部分则以白色石灰粉刷。法国山居的房子就以这些民居为蓝本，在改造和重建后，保留了此地传统古朴的美感。在此基础上，加入适合现代居住需求的设计，如增加层高、门窗高度等，让视野更开阔。此外，他把自己花大价钱在全世界搜罗到的一个多世纪的莫干山文献档案、历史照片和旧报纸捐献出来，在山下的老汽车站里做了一个莫干山交通史展览，以莫干山的变迁来反映中国的发展。"法国山居"的餐厅，是用司徒夫的先辈——19世纪法国自然学家谭卫道的名字命名的。150多年前，谭卫道来到中国，对莫干山一带鸟类活动进行了仔细观察，并出版了《中国鸟类学》。这位向世界推介中国的法国人，还是大熊猫的发现者。餐厅里放着很多谭卫道拍的鸟类图片，向就餐者介绍中国文化。同样倡导尊重本地文化的还有裸心系列的民宿。三九坞（裸心乡）在维持原有的乡村本色基础上，构造小溪、流水、石板桥、石子路、木板凳等乡村特色以及维护莫干山特色的原生态竹林。这个过程所倡导的保护自然生态和古建、挖掘地方文化、不断创新影响着后续民宿的建设与改造，形成了莫干山民宿的持续品质与文化提升。

在此基础上，德清县政府持续用政策和标准手段推进民宿品质提升。以民宿标准实施为契机，抓好等级划分与评定。首先，在 2014 年出台的《德清县民宿管理办法（试行）》（德政办发〔2014〕7 号）的基础上，2015 年 5 月 6 日，德清县发布了《乡村民宿服务质量等级划分与评定》地方标准。这是全国首个乡村民宿的县级地方标准规范，对乡村民宿服务质量基本要求、等级划分条件及评定规则等作了具体规定，成为国家民宿标准制定的蓝本。在标准实施后，结合德清县乡村民宿现有发展水平的基础上，以"源于现实，高于现实"为整体基调，对现有乡村民宿发展经验进行推广，积极引导低层次、低消费的农家乐逐步向高品质的民宿转型，规范引导德清县民宿科学化发展、品质化经营，促进农村产业结构调整、农村环境优化和农民普遍增收。其次，继续培育精品民宿项目，进一步提质量控数量。按照"保护第一、科学布局、注重特色、差异发展"的原则，进一步明确了德清县乡村旅游发展目标与方向，努力做到因地制宜、有的放矢，全力打造产品多样化、理念国际化的乡村休闲旅游品牌。最后，立足民宿品质，完善项目评估机制。制定高品质民宿产业的准入门槛，在招商引资中，不仅考量客商经济实力，更关注其品位理念和资源掌控能力、项目运营能力，确保把有限的旅游资源配置给最好的项目和最有理念的企业。严把项目预评估，提高准入门槛，宁可少而精，同时结合《德清县乡村民宿评定标准》，区分品质等级，采用民宿专用识别牌挂牌经营，防止以次充好、虚抬价格、降低品质等恶性竞争的经营行为。同时继续支持和培育新引进的山水谈、无界莫干、翠域木竹坞等 40 多家精品民宿项目的开工建设，为德清县乡村旅游注入新的元素，带动乡村民宿产业大发展。

（三）规范民宿发展形成三代升级

首先，德清县立足远期目标，制定产业发展规划。按照"规划全域化、全域景观化、景观生态化、生态产业化、产业现代化"的理念，坚持高起点定位，编制了环莫干山国际乡村旅游度假区规划、民宿旅游项目专项规划等，按照高端、生态、精致、特色的休闲度假发展方向，明确产业发展定位、空间、时序，形成可持续发展格局。

其次，优化环境提升品位。充分发挥旅游资源和生态环境优势，大力推进乡村旅

游融合发展，不断提升德清旅游品质内涵，以环莫干山景观带片区环境百日专项整治提升专项行动为抓手，充分结合"五水共治""四边三化"等重点工作，同时不断完善旅游基础配套设施建设，加大对西部旅游集散中心建设和道路设施完善，积极争取山区经济发展专项资金扶持，推进西部"洋家乐"咨询服务中心、环莫干山道路景观标识导向系统建设。

最后，规范提升，为民宿产业发展提供坚实基础。根据县人民政府出台的《德清县民宿管理办法（试行）》及配套的《民宿规范提升工作方案》要求，经过2014年为期近10个月的努力，分布在104国道以西的莫干山镇、筏头乡及武康镇范围内列入规范提升行动的126家民宿从消防、治安、环保、食品、卫生、证照等方面完成并通过县民宿发展协调领导小组办公室的验收。

经过多年的不懈努力，莫干山的民宿已经升级换代，形成鲜明的V1.0版本、V2.0版本和V3.0版本（图1-3）。

图1-3　德清民宿发展的3.0版本

（四）旅游业态融合全域旅游发展

在2007—2017年10年间，在县委、县政府的正确领导下，德清紧紧围绕"原生态养生、国际化休闲"目标，发挥生态优势，探索低碳环保的旅游经济发展方式，积极打造高端旅游品牌，乡村旅游已成为德清旅游的金名片。2015年国际乡村旅游大会在德清县开幕，并在会上充分肯定了德清民宿带动乡村旅游发展的典型性。时任浙江省副省长的梁黎明指出：以德清"洋家乐"为代表的乡村度假风生水起，成为全国乡村旅游创新发展的示范和样板。希望湖州以及德清以本次大会为新的契机，"更进一步、更快一步"，推动旅游产业特别是乡村旅游更好更快发展，为全省乃至全国其他地区树立良好的典范。2015 年，德清县获得全国休闲农业与乡村旅游示范县、中国十佳最美乡村旅游目的地的称号，环莫干山洋家乐乡村旅游区被评为全国首批乡村旅游创客示范基地。2016 年，德清县以洋家乐为代表的特色民宿接待游客 34.8 万人次，接待境外游客 10.8 万人次，实现直接营业收入 4.5 亿元，为当地解决闲散劳动力 3600 余人，对德清县 GDP 做出了突出贡献。此外，德清还成功召开了农洋家乐休闲旅游工作现场会，被入选为"世界十大乡村度假胜地"，有力地推进德清休闲农业与乡村旅游趋向多元化发展。全县的旅游业自此进入了提档升级阶段，以"农旅融合""文旅互促""示范引领""规范管理"等内涵建设，引领德清县旅游业走向科学发展和品质化经营新阶段。

2012—2017 年，德清县接待国内旅游者人数年均增长 18.82%，入境旅游者总人数年均增长 24.66%，旅游门票收入年均增长 21.05%，旅游总收入年均增长 27.49%。2017 年，德清县全县共接待国内旅游者 1978.12 万人次，同比增长 21.35%，入境旅游者 19.8 万人次，同比增长 42.35%，旅游总收入 215 亿元，同比增长 21.23%，旅游门票收入 1.74 亿元，同比增长 23.55%。围绕"原生态养生·国际化休闲"主题，基本形成了"一核两翼"的旅游空间格局，裸心谷、法国山居、金银岛大酒店等高端项目竣工营业，以"洋家乐"为代表的民宿经济蓬勃发展，奠定了德清乡村旅游在国内的引领地位。

在此期间，下渚湖湿地风景区和莫干山风景区被评为 4A 级景区；2008 年新市镇获得第四批中国历史文化名镇称号；莫干山国际旅游度假区于 2016 年正式获批省级旅游度假区；五四村、上柏村、劳岭村、后坞村、青墩村被授予浙江省特色旅游村称号；劳岭、五四村创建为市农家乐特色村。此外，德清还荣获中国低碳旅游示范县、浙江省美丽乡村创建先进县、全国农村集体"三资"管理示范县、全国"平安农机"示范县以及省级农业标准化综合示范县等荣誉称号。在 2016 年制定的《德清县国民经济和社会发展"十三五"规划（2016—2020）》指出，德清县"十三五"期间聚焦突破信息经济、健康产业、高端装备制造、休闲旅游四大产业，改造提升现代物

流、绿色家居（装饰建材）一批传统产业，培育通用航空产业。德清县"十三五"期间着力打造的四大产业体系之一为休闲旅游。关于休闲旅游的发展，在"十三五"期间特别提出：进一步提升和发展"洋家乐"高端休闲度假品牌，突出旅游业融合发展，加强建设环莫干山、下渚湖、新市古镇三大旅游板块，拓展乡村旅游、文化旅游、户外运动、工业旅游等新型业态，延伸发展户外休闲用品设计制造和生产，打造一个全域化、国际化、品质化的旅游目的地。

2015 年 8 月，全国旅游工作会议首次提出全域旅游发展，2015 年 9 月，国家旅游局下发了《关于开展"国家全域旅游示范区"创建工作的通知》。全域旅游强调资源整合、权力协同、供应链延伸和全社会分享的建构，利用全域旅游可以促进旅游业全区域、全要素、全产业链发展，进而推动地方经济发展。全域旅游对于县域经济发展意义非凡，与习近平总书记"旅游兴县"的思想协调一致。对于德清县而言，旅游业是最符合德清县县情、最能充分利用德清县资源、最能吸引人气财气的产业，加快发展全域旅游，恰逢其势，正逢其时（图 1-4）。

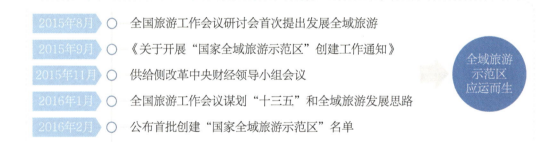

2015年8月 ○	全国旅游工作会议研讨会首次提出发展全域旅游	
2015年9月 ○	《关于开展"国家全域旅游示范区"创建工作通知》	全域旅游
2015年11月 ○	供给侧改革中央财经领导小组会议	示范区
2016年1月 ○	全国旅游工作会议谋划"十三五"和全域旅游发展思路	应运而生
2016年2月 ○	公布首批创建"国家全域旅游示范区"名单	

图 1-4　全域旅游的政策背景

从 2016 年年底开始，德清县把全域旅游作为提升产业发展品质，推动项目建设为抓手，积极开展了相关的工作。2016 年，德清县特色小镇建设中明确未来的工作方向是以莫干山裸心度假小镇"洋家乐"等民宿经济为核心，以多元化的度假为特色，打造集旅游度假、商务会议、康体疗养、文化创意、运动休闲等为一体，实现景点旅游向全域旅游的转变。在 2016 年美丽乡村建设的工作总结中，德清县认为近年来在习近平总书记"两山"重要思想指引下，认真贯彻落实省、市关于美丽乡村建设的各项决策部署，始终坚持以生态环境整治为突破口，以加快推动建设成果向经营成果转化为重要途径，以让百姓得实惠为根本落脚点，坚持一以贯之抓推进、制度精准供给、资源向农村倾斜、全民参与全民受益，全力打造"全域美丽、城乡一体、乡风文明、生活美好"的美丽乡村。2016 年 11 月 2 日，由县委组织部、县委党校、县旅委等部门联合举办的全县旅游产业促进与发展培训班在德清县委党校开班。培训内容围绕全域旅游、"旅游+"产业融合、乡村旅游规划发展等展开。德清县也提出"全域旅游示范县"的创建。2016 年年底，德清县政府颁布的《德清县休闲旅游发展"十三五"规划》中，四大发展战略为"接沪融杭"战略、全域化发展战略、国际化发展战略和"旅游+"发展战略。全域化发展战略的内涵为坚持把德清作为一个大景区来经营美化。以旅游的理念规划全县，用景区的标准建设城乡，推动旅游业发展与新兴工业化、信息化、城镇化和农业现代化相结合，推动旅游产品向观光、休闲、度假并重转变，实现旅游产品全域优化、旅游线路全域统筹、旅游品牌全域整合、旅游市场全域营销、旅游公共服务全域覆盖，从而实现区域资源有机整合、产业深度融合发展和社会共同参与，努力把德清县打造成宜居、宜游、主客共享的全域化旅游目的地。"十三五"时期德清县旅游发展的总体目标是坚持"绿水青山就是金山银山"的发展理念，以休闲度假为主题，全面推进"一核两翼"建设，实现中、东、西三大旅游板块联动发展，以"洋家乐"为特色的乡村旅游继续走在全国前列，把德清建设成为全域旅游示范县、国际化品质旅游目的地，使旅游业成为支撑德清县未来发展的支柱产业和人民群众更加满意的现代服务业。

三、迈入全域旅游新时代（2017 年以后）

（一）全力建设省全域旅游示范县

2017 年，德清县被列入省首批"浙江省全域旅游示范县（市、区）"创建名单。围绕全域旅游新理念，以把县域打造成为"处处有旅游、时时能旅游、行行加旅游、人人享旅游"的大景区目标。德清县按照"坚持标准、对标一流、山上山下联动"的要求，着力打造国际化的旅游设施、多元化的旅游产品、生态化的旅游环境、品质化的旅游服务，全力推进国家和省级全域旅游示范县创建，先后获得全国休闲农业与乡

村旅游示范县、全国首批乡村旅游创客示范基地、浙江省旅游经济强县等荣誉。经过2年的创建，2019年3月，德清县通过"浙江省全域旅游示范县（市、区）"考核验收，成为浙江省首批全域旅游示范县（市、区）。这也意味着德清迈入全域旅游的新时代。

2019年度，全县共接待国内旅游者2210.6万人次，同比增长11.3%，过夜游客909.7万人次，同比增长19.2%，旅游收入314.98亿元，同比增长17.5%，接待入境游客14.3万人次，同比增长6.3%。乡村旅游接待游客885.2万人次，同比增长15.4%，实现直接营业收入37.5亿元，同比增长29.3%，以洋家乐为代表的150家高品质民宿接待游客89.1万人次，同比增加36.7%，实现直接营业收入9.5亿元，同比增加28.4%。各项指标均实现两位数增长。这份"高分答卷"的背后，是德清县旅游供给侧结构性改革和全域旅游发展理念的有力助推。

（二）传承改革精神全面深化改革

1984年9月，来自全国的124名中青年代表齐聚莫干山，激烈争辩中国的改革发展之路。莫干山会议是经济改革思想史上的开创性事件，一批中青年经济学家脱颖而出，"中青年"成为社会广泛认可的改革时代的新名词。莫干山会议形成的共识对后续的经济改革有很大的促进作用。当今世界正处于百年未有之大变局，改革开放与创新发展仍然是决定当代中国前途和命运的关键。德清传承莫干山精神，改革意识强、创新氛围浓、创业精神佳，以全域美丽铺就美丽经济"新底色"，以深化改革探索美丽经济"新机制"，以产业转型培育美丽经济"新业态"，实现了"村在景中、景在村中，村景交融、游在画中"的发展格局。作为全国的改革大县，德清承担了省部级以上改革事项65项。其中，农业供给侧结构性改革、"多规合一""农地入市""坡地村镇"试点、宅基地"三权分置"等多项改革均涉及旅游领域。德清县裸心谷项目是全省第一个点状供地项目，醉清风度假村是全省第一宗农地入市项目，破解了长期以来旅游用地规模大、供地难的问题。这些改革红利的释放有力地推动了德清县全域旅游的高质量发展。在全域旅游领域，德清也开创了多个全国第一，出台了全国首部地方民宿管理办法、制定了国内首个民宿地方标准、开办了首家民宿学院、成为全国首批乡村旅游创客示范基地、成为全国首个服务类生态原产地保护产品。这些都充分彰显了德清的改革创新精神，也体现了全域旅游的核心思路正成为全面深化改革的突破口。

（三）因地制宜旅游发展势态强劲

德清作为洋家乐的发源地和国际乡村潮流度假地，在打造全域旅游的征途上从未停止过探索的脚步，自2017年入选浙江省首批全域旅游示范县创建名单以来，不断加速发力，对区域内的旅游资源进行了全面优化提升。

随着全域旅游的推进，德清推出了3条旅游精品线路。西部山区风情民宿度假乡村线，以民国风情小镇庾村为起点，串村成景；中部地区防风湿地生态田园线，以国家湿地公园下渚湖为亮点，小镇山村各有特色；东部地区蚕乡古镇休闲农业线，体验"千年小上海、江南百老汇"之誉的新市古镇的历史与文化。

在全域旅游推进过程中，德清按照"名山、湿地、古镇"的格局，因地制宜一盘棋推进。尤为重要的是，德清县人大审议发布《德清西部地区保护与开发控制规划》，针对西部地区发展现状，从环境、交通、文化、产业等方面入手，科学设置保护要求及发展方向，严守生态底线，推动全域旅游的可持续发展。

以全域旅游示范县创建为抓手，德清在推进旅游高质量发展的同时，着力打造国际知名、国内一流的休闲度假目的地，各项指标都实现了稳步增长。纵观德清旅游经济的蓬勃发展，"洋家乐"是一张金字招牌。至今，德清县已有农洋家乐近800家，其中以"洋家乐"为代表的特色民宿150多家，打造了裸心、西坡、大乐之野、芝麻谷等一批高品质民宿品牌，带动德清乡村走上振兴之路。以"提质控量"为主线，"洋家乐"等民宿经济新业态的发展吸引大量返乡青年回乡创业，积极带动了当地金融、客运、餐饮、建筑装修、农副特产等产业发展。仅民宿产业就吸收县内直接从业人员5700余人，间接带动就业超过1万人，人均年收入为4.5万元，实现了美丽乡村向美丽经济转化，切实提升了老百姓的幸福指数。

在"洋家乐"高端业态引领下，德清积极践行"旅游+"的思路，推动旅游与工业、农业、体育等融合发展，探索"村+企业""村+创客团队"多种经营模式，丰

富旅游业态。以"国际化"为标准，引入高品质旅游项目，加快完善交通、商业、信息化设施等公共配套设施，加快发展文化创意、运动休闲等多元化产品业态。项目建设激发全域旅游新动能。近年来，德清县陆续建成了裸心谷、裸心堡、郡安里度假区、法国山居、久祺雷迪森庄园、Discovery探索极限基地、下渚湖度假村、芝麻谷等一批深受市场欢迎的高端休闲度假项目。开元森泊、下渚湖改造提升、新市古镇旅游开发、悦榕庄、瑞士谷、青马部落等一批重点在建项目加快推进，计划总投资达300多亿元。

同时，莫干山国际旅游度假区创成国家级度假区、下渚湖景区已启动国家5A级旅游景区创建。目前，全县拥有国家4A级旅游景区4家；3A级旅游景区10家。莫干山镇获批全省首批旅游风情小镇，并入选全省最受关注的旅游风情小镇TOP10，新市镇、下渚湖街道列入创建名单。A级景区村庄94家，其中3A级景区村庄24家，分别占全县行政村总数的64%和16%。

（四）共建共享共治打造全域美丽

从打造美丽乡村升级版、村庄景区化建设到全域旅游推进，由点及面建设"大景区""大花园"，德清县打出了"五水共治""四边三化""三改一拆""治气治霾"等美丽乡村环境整治组合拳，投入20亿元完成全县所有行政村的美丽乡村建设，并实现城乡垃圾收集覆盖率、生活垃圾无害处理率"两个100%"。特别是注重源头上把控，德清实施"一把扫帚扫到底""一根管子接到底"、西部山区截污纳管等工程，A级景区村庄截污纳管率达到100%。

加强旅游基础设施建设，进一步优化农村环境，加强乡村基础设施建设。德清县将莫干山镇、筏头乡各民宿连接成片，有效提升西部山区旅游环境容量。建设户外运动体验中心、慢生活示范区、环西部山区自行车绿道等一批具有鲜明特征的旅游配套项目，逐步形成西部慢行系统。打造旅游咨询公共网站、公共场所旅游咨询中心，完善公路交通网络和道路标识系统，合理规划设置停车场，提升西部山区交通容量及安全系数，推进旅游便捷化。德清实现了通景公路全域覆盖，打造了环莫干山异国风情景观线、水乡古镇景观线等十大美丽乡村景观线。伴随着莫干山旅游集散中心、下渚湖景区游客中心等建设完成，高铁站至主要景区的旅游巴士开通，德清已经实现游运一体化。此外，德清深入开展厕所革命，累计完成改建、新建厕所332座，20座旅游厕所被评为旅游示范厕所。

同时，德清县也加强了全域旅游治理体系的建设。一方面通过各种协会加强旅游从业人员的信息共享和技能培训，另一方面也通过相关的标准和条例进一步推进旅游相关企业的规范化经营与管理。按照《德清县民宿管理办法（试行）》，结合《德清县乡村民宿标准》，进一步加强民宿的管理与协作。县民宿发展协调小组办公室形成日常工作机制，进行常态化监管。行进在全域旅游建设的道路上，德清正全力冲刺目标，着力打造国际化旅游设施、多元化旅游产品、生态化旅游环境、品质化旅游服务，全面加快发展步伐。

发力全域旅游　实现共建共享

2017年8月18日，德清县全面启动省全域旅游示范县创建工作。在创建动员大会上县委副书记、县长王琴英提出，发展全域旅游是践行"两山"重要思想的题中之义、是建设大花园的重要举措、是深化供给侧结构性改革的必然要求，要以践行"两山"重要思想样板地、模范生的标杆姿态大力发展全域旅游，围绕着眼长远、着手项目、着力推进抓落实，推动旅游业转型升级，奋力开拓全域旅游发展的新局面。

德清县围绕创建目标，出台实施方案，细化6大项89小项创建任务，对标对表，打好全域旅游发展攻坚战。一要全域布局"一盘棋"，实现"处处可旅游"。以高端导向建设景区平台，以自然风景、建筑风貌、风俗节会、风物特产、餐饮风味、人文风采"六风"元素打造旅游小镇，以精雕细琢实现村村成景。二要全景打造"精品化"，推进"时时能旅游"。着力打造"四季游"精品和发展夜间经济，形成日夜联动、四季交融的旅游大景区。三要全面融合新业态，实现"行行加旅游"。按照"一产围绕旅游做精，二产围绕旅游转型，三产围绕旅游强功能，综合产业围绕旅游调结构"的思路，做好"旅游＋农业""旅游＋工业""旅游＋智慧""旅游＋健康""旅游＋文化"等文章，促进旅游业与其他产业融合发展。四要全民共建"一体化"，实现"人人享

旅游"。切实做到旅游惠民创业又创收，服务供给提质又提量，环境监管有效又有序，形成共建共享的高品质旅游生态圈。

第二节　全域旅游德清模式的发展成绩

2019 年，德清县共接待国内外旅游者 2210.6 万人次，同比增长 11.3%，旅游总收入 314.98 亿元，同比增长 17.5%，各项指标均实现两位数的增长。在旅游接待量和旅游收入大幅增长的背后是德清县全域旅游发展理念的有力助推。德清县以全域旅游为抓手，改进了景区营运水平不高、业态传统单调、产业不成规模以及旅游业在全县经济社会发展中的带动作用尚未完全发挥出来等长期问题，从而推动了德清社会经济的高质量发展，进一步提升了德清的知名度，也带给人民群众更好的幸福感和获得感。与此同时，德清县逐步深化以全域旅游观念为统领，以"旅游 +"盘活旅游资源，用"旅游 + 文化""旅游 + 产业""旅游 + 互联网"等方式，进一步明确全域旅游德清模式的创建思路、重点与措施，推进旅游业可持续发展，使之成为强县、惠民的幸福产业。

一、全产业实现持续快速增长

（一）旅游总收入数量结构双提升

纵观 2003—2018 年德清县的旅游总收入及创汇情况，连续 16 年收入连年攀升，发展势头明显。从旅游总收入和旅游外汇收入的增长率来看，超过三分之一的年均增长率都在 30% 以上。旅游外汇收入的增长率呈现出稳步提升的发展趋势，虽然在 2018 年出现了一定的负增长，但其同年的旅游总体收入却仍处于较高的增长水平，此次外汇收入下降并未影响到德清县整体的旅游收入下降（表 1-4）。

表 1-4　2003—2018 年德清县旅游总收入与旅游外汇收入对照表

时间	总收入（亿元）	增长率（%）	外汇收入（万美元）	增长率（%）
2003	4.87		51.00	
2004	5.63	37.66	83.21	63.16
2005	7.75	36.69	187.72	125.60
2006	11.91	56.71	298.65	59.09
2007	17.55	47.36	569.86	90.81
2008	23.75	38.00	684.16	36.00
2009	33.45	29.18	1212.80	99.70
2010	46.09	37.79	1782.40	10.50
2011	53.67	16.40	1720.80	13.70
2012	64.00	19.00	2548.90	48.10
2013	82.18	28.70	3777.50	37.80
2014	103.20	25.70	4436.00	17.40
2015	133.00	29.10	5181.00	16.79
2016	178.00	33.83	5854.00	37.30
2017	215.80	21.20	8421.00	43.90
2018	259.64	17.50	8339.00	−12.85

数据来源：《湖州统计年鉴 2019》。

从德清县旅游外汇收入的阶段性增长来看，由 2003 年的 51 万美元到 2009 年的 1212.8 万美元，2003—2009 年的年均增长率为 69.58%，属于旅游外汇增长极其快速的阶段（图 1-5）。2010 年，德清县的旅游外汇收入达到了 1782.4 万美元。截至 2018 年则达到 8339 万美元，实现了 4 倍以上的增长，相较旅游外汇收入的增长，其增长率的平均涨幅为 23.6%。2010—2018 年，外汇收入的增长率提升持续放缓，但其上涨数额依旧可观，尤其在近两年其旅游外汇收入均超越了 8000 万美元，未来几年有望在全域旅游的进一步发展与带动下突破县旅游外汇收入创 1 亿美元大关。

图 1-5　德清县 2003—2018 年入境旅游者人数及旅游外汇收入

数据来源：《湖州统计年鉴 2019》。

　　住宿业和餐饮业的主营业务收入和主营业务利润不断增长。2008—2010 年，住宿业和餐饮业的主营业务利润与主营业务收入的金额呈波动变化的状态。2011—2016年，住宿业和餐饮业的主营业务收入及利润呈阶梯式的提升态势，其中，2011 年住宿业和餐饮业的主营业务收入为 19997 万元，比上年增长 33.8%，同年的主营业务利润为 9766 万元，比上年增长 44.3%；2016 年住宿业和餐饮业的主营业务收入为 62157万元，比上年增长 32.53%，同年的主营业务利润为 34709 万元，比上年增长 16.26%；2017 年德清县的住宿业和餐饮业的主营业务利润与主营业务收入略有下降，但在2018 年又有了大幅提升，其中住宿业和餐饮业的主营业务收入为 64291 万元，比上年增长 23.16%，同年的主营业务利润为 41922 万元，比上年增长 23.15%（图 1-6）。

图 1-6　德清县 2008—2018 年规模以上住宿和餐饮企业主营业务收入及利润

数据来源：《湖州统计年鉴 2019》。

（二）门票增加假日经济惠利民生

目前，德清县共有 3A 级景区 10 个，4A 级景区 4 个。从德清县 2008—2017 年的旅游门票收入发展趋势来看，10 年间的旅游门票收入呈现出持续增幅、稳步发展的态势，连续八年保持着 10% ～ 30% 的增长率，并且在 2017 年创造了 1.74 亿元的旅游门票收入，同比增长 23.55%。在进一步推进全域旅游的全民共享理念下，莫干山、下渚湖等景区积极响应政府的号召也配合及自发举办了免费游、减门票及降门票等惠利民生的活动，但是其门票收入并未受到严重影响，反而整体态势仍旧在上行，这充分说明了德清县旅游接待的增长数量越发可观。随着德清乡村旅游的蓬勃发展，德清市民也享受到了旅游发展带来的"红利"。德清在放弃"门票经济"惠及本地百姓的同时，也在考虑如何顺利转化为"产业经济"，因大量的免费游人群涌向景区，所以要在努力提升服务和接待能力等方面下功夫，促使景区深挖潜力，不断提升全域旅游的竞争力，真正以"免费游"带动旅游经济发展（图 1-7）。

图 1-7　2008—2017 年德清县旅游门票收入及增长率

数据来源：《湖州统计年鉴 2019》。

随着全域旅游的持续推进，各个景观带串点成线，旅游经济逐渐成为德清县经济发展的新亮点，休闲旅游成为县域经济四大产业之一。近年来春节长假节点的旅游消费火爆，到德清旅游观光、休闲度假的游客大幅度增加，游客花费水平明显提高。旅游接待各项主要指标稳步增长，充分印证了德清县旅游经济持续上行的发展势头。

2017 年春节旅游 "黄金周"，全县累计接待国内外旅游者 61.83 万人次，同比增长 23.77%，其中接待过夜游游客 17.78 万人次，同比增长 18.56%；接待一日游游客 44.05 万人次，同比增长 26.01%，实现旅游总收入 71211.9 万元，同比增长 21.95 %。2018 年春节长假期间，德清旅游总收入 87286 万元，同比增长 22.56%。2019 年春节长假期间，德清县共接待游客 79.01 万人次，同比增长 10.78%，实现旅游收入 96119.42 万元，同比增长 10.12%。在德清县众多的自然及人文旅游资源中，新市古镇、下渚湖、莫干山三地的假日旅游尤为火热。整个假日旅游的大量游客进入，直接拉动了民宿、酒店、餐饮企业以及零售企业的发展。

（三）县域旅游实力位居全国前列

2007 年，德清县委、县政府就提出了创建旅游经济强县的目标，优先发展休闲旅游业。通过强化政府主导发展战略，持续加大对旅游业基础性、导向性投入，进一步增加旅游发展专项资金和旅游市场促销经费，以创强为契机，投资建设一批旅游景点景区建设项目、配套接待服务设施项目、乡村旅游点建设项目，德清县旅游经济发展潜力巨大。2010 年，德清县获得浙江省旅游经济强县称号，得到省政府的表彰授牌。2019 年，获批浙江省首批全域旅游示范县。2020 年，由第三方独立社会智库北京华夏佰强旅游咨询中心发布的《2019 全国县域旅游研究报告》中对我国大陆地区 1886 个县（含县级市、自治县、旗、自治旗、特区、林区）进行包含旅游经济发展水平、政府推动作用、旅游产业综合带动功能、旅游开发与环境保护、旅游设施与服务功能、旅游质量监督与市场监管 6 个方面 35 个指标构建评价的县域旅游综合实力。其中，德清县位列全国第十（表 1-5）。

表 1-5　2019 全国县域旅游综合实力百强县

位次	县	位次	县	位次	县	位次	县
1	浙江安吉县	5	浙江象山县	9	湖南宁乡市	13	浙江东阳市
2	湖南浏阳市	6	浙江桐乡市	10	浙江德清县	14	四川都江堰市
3	江苏常熟市	7	浙江诸暨市	11	浙江义乌市	15	江苏宜兴市
4	浙江长兴县	8	江苏昆山市	12	浙江临海市	16	浙江海宁市

续表

位次	县	位次	县	位次	县	位次	县
17	江苏江阴市	38	浙江淳安县	59	浙江嵊州市	80	贵州盘州市
18	江苏溧阳市	39	广西阳朔县	60	浙江苍南县	81	广东新兴县
19	浙江永康市	40	浙江浦江县	61	山东滕州市	82	贵州仁怀市
20	江西庐山市	41	贵州凯里市	62	山东蓬莱市	83	湖南凤凰县
21	江苏句容市	42	贵州兴义市	63	江苏张家港市	84	江西井冈山市
22	浙江温岭市	43	浙江新昌县	64	江西德兴市	85	浙江玉环市
23	浙江兰溪市	44	浙江遂昌县	65	贵州赤水市	86	湖南韶山市
24	浙江天台县	45	浙江江山市	66	贵州修文县	87	四川阆中市
25	四川西昌市	46	江西玉山县	67	贵州清镇市	88	浙江青田县
26	浙江嘉善县	47	四川峨眉山市	68	浙江磐安县	89	浙江龙泉市
27	浙江乐清市	48	江西乐平市	69	云南香格里拉市	90	四川江油市
28	浙江仙居县	49	江西婺源县	70	福建晋江市	91	江西贵溪市
29	云南景洪市	50	浙江缙云县	71	湖北恩施市	92	河南栾川县
30	浙江桐庐县	51	江苏盱眙县	72	吉林延吉市	93	甘肃敦煌市
31	浙江宁海县	52	贵州都匀市	73	河北武安市	94	山东曲阜市
32	江苏丹阳市	53	浙江余姚市	74	山东沂水县	95	重庆彭水县
33	云南大理市	54	贵州开阳县	75	山西平遥县	96	山西灵石县
34	安徽青阳县	55	浙江平阳县	76	云南腾冲市	97	贵州荔波县
35	浙江慈溪市	56	江苏如皋市	77	浙江建德市	98	黑龙江宁安市
36	浙江武义县	57	河南登封市	78	浙江平湖市	99	河北平山县
37	福建武夷山市	58	浙江龙游县	79	浙江永嘉县	100	四川大邑县

资料来源:《2019 全国县域旅游研究报告》。

二、优化县社会产业经济结构

（一）旅游业推进服务业快速发展

县域经济是国民经济的基本运行单元。旅游业作为我国改革开放以来市场化程度最高的产业之一，对于缓解经济下行压力、扩大内需、弥合收入两极分化、调整产业结构、解决环境压力等作用凸显。旅游业是一个关联全局的重要产业。德清县以全域

旅游为抓手，发展壮大现代服务业，从而实现推进县域经济产业结构调整。

伴随着德清县 GDP 的逐年增长，德清县的旅游收入随之走高，旅游业总收入所占 GDP 的比重也在逐年上升。数十年来，德清县旅游产业地位发生着巨变，由 2008 年旅游产业增加值占 GDP 比重 3.3% 提升至 2018 年占比 8.5%（表 1-6）。截至 2019 年，德清县旅游总收入达到了 259.6 亿元，旅游产业增加值 44.2 亿元，占全县 GDP 的比重超过 8.5%。经过历年的发展，德清县旅游业飞速发展，已经成为全县国民经济中发展速度最快、消耗资源最少、投资回报可观且具有活力的产业。旅游业正在逐步向德清县未来发展的支柱产业和人民群众更加满意的现代服务业迈进。

表 1-6　2008—2018 年德清县旅游总收入占 GDP 比重的地位

时间	GDP（亿元）	旅游业总收入（亿元）	旅游总收入占 GDP比重（%）	旅游增加值比重（%）
2008	190.1	23.8	12.52	3.3
2009	202.4	33.5	16.55	4.8
2010	239.7	46.1	19.23	5.3
2011	278.9	53.7	19.25	2.7
2012	308.0	63.8	20.71	3.3
2013	334.3	82.2	24.59	5.5
2014	368.1	103.2	28.04	5.7
2015	392.7	133.0	33.87	7.6
2016	425.2	178.0	41.86	10.6
2017	470.2	215.8	45.90	8.0
2018	517.0	259.6	50.21	8.5

数据来源：《湖州统计年鉴 2019》。

随着旅游业的发展，德清县的服务业也得到了快速发展。"十二五"期间，德清县服务业年均增长 11.1%，全县生产总值占比从 2010 年的 33.4% 提升至 2015 年的 40.7%，对经济增长贡献率从 2010 年的 47.5% 提升至 2015 年的 78.9%，地税收入占全县地税比重由 2010 年的 52.9% 提高至 2015 年的 63.3%。随后，2016—2018 年德清县占 GDP 比重继续上升至 42.3%、43.4% 和 43.9%。显然，服务业已是德清县经济发展的重要动力和支撑，并沿着"4+3+2"产业体系发展道路继续前进，重点发展信息服务、休闲旅游、金融服务、现代物流四大服务业主导产业，积极培育文化创意、通航服务、科技服务三大新兴服务业，转型提升现代商贸和房地产业，全力构建"4+3+2"产业体系（图 1-8）。

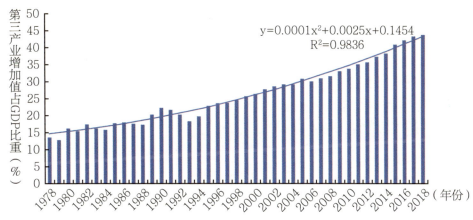

图 1-8　1978—2018 年德清县第三产业增加值占 GDP 比重变化图

数据来源：《湖州统计年鉴 2019》。

（二）全域旅游促进产业升级转型

德清的早期发展主要依靠农业和一些乡镇企业，随着改革开放和地处长三角临近杭州的良好区位优势，德清大力承接杭州的产业转移，从而扩大工业规模。然而承接相关产业也带来了土地问题和环境污染问题。较为典型的有 2011 年由于区域内企业海久电池发生严重血铅污染事件，德清县被国家环保部取消了全国生态示范区资格。面对发展与环境保护的抉择，德清县委、县政府痛定思痛，积极推进产业转型升级，破解当前的污染困局。德清县通过大企业培育、科技创新、优化要素资源配置以及项目双进等举措，力促先进装备制造、生物医药、装饰建材三大主导产业转型为高端装备制造、生物医药、绿色家居，向转型升级要质量和效益。在产业升级转型过程中旅游业发展要求的环境品质和"两山"理论内在高度一致，旅游业是"绿水青山"转化为"金山银山"的重要桥梁。德清县在全域旅游的引领下，积极推动产业的升级转

型，将绿水青山变成金山银山。

德清县拥有丰富的自然资源、雄伟秀丽的奇山异水、多姿多彩的风土人情，这都是吸引海内外旅游者的魅力所在，近年发展壮大起来的"洋家乐"高品质民宿作为德清旅游业界的重要品牌也为德清县招徕更多的国内外客源。经过数十年的探索与发展，德清县已经形成了具有德清特色的旅游发展格局，开创了全域旅游德清模式，从近年来的国内及入境旅游人数便可见一斑。德清县2003—2019年国内旅游人数快速增加，近五年的旅游人数增长率连续达到30%以上，在2018年与2019年的增长率更是突破了50%的大关。在旅游增长的同时，德清县不断完善旅游交通网络，加快实现"对外大连通、对内大循环"，同时注重提升生态环境，统筹推进治水、治违、治乱、治气、治矿、治猪、治鳖等工作，这都为其他产业的发展创造了良好的条件（图1-9）。

图1-9　德清县2003—2019年国内旅游者人数及同比增长率

数据来源：《湖州统计年鉴2019》。

（三）带动其他相关产业销售投资

德清县旅游业的发展也带动了其他相关产业的投资和销售。很多投资商因为旅游兴而看重了德清的自然环境和人文环境而进行了投资创业。随着莫干山和"洋家乐"品牌效应的不断扩大，一个个国内外一流高端项目相继落户德清县。由于旅游带来的部分产业淘汰，为选商引资增加了砝码，同时也给未来发展增加了更多空间。例如

2015 年，中航工业旗下中航通用飞机有限责任公司的"爱飞客"航空综合体项目落户德清县临杭工业区通用航空产业基地。德清县从 2010 年开始谋划通航产业发展，2011 年，德清通航产业基地成功通过"德清通用航空省高技术产业基地"认定，成为全省唯一一个通用航空省高技术产业基地，占领了浙江发展通用航空产业的高地，进一步发展到旅游低空领域。一些工业企业走出了一条工业与旅游融合发展的新路子，一改原来封闭的方式，转而向社会敞开了大门，让消费者去厂区了解企业，并体验生产制造中的快乐。安泰（德清）时装有限公司、美丽健乳业公司、乐韵钢琴、浙江欧诗漫集团有限公司也已进入工业旅游示范基地，宣传了企业文化，增加了相应产品的销售。还有一些农业企业和手工艺企业也通过旅游拓展了销售渠道，减少了中间过多的销售环节。再如浙江蚕乐谷生态园是浙江省优强蚕种企业转型升级的产物，在原有的莫干天竺蚕种有限责任公司基础上，利用原有蚕种基地的传统历史与文化，及相关的蚕房、空地、桑地，建立起了一整套亲子游和户外拓展休闲旅游项目。

三、旅游投资促进资产增与转

（一）创新改革盘活旅游资产转化

德清县抓住了试点的有利契机，加快推进农村产权制度改革，以农村土地（林地）承包经营权、宅基地用益物权、集体资产股权的确权、赋权、活权，"三农"发展活力竞相迸发。德清县通过精准确权让农村资产变活权、搭建平台规范产权流转交易、金融创新唤醒农村沉睡资产三步走，让村民可以用手中的股权、农房、林权、农村土地流转经营权等作为抵押，真正实现了"死产变活权，活权生活钱"。这些改革也为民宿产业赋权赋能，激活了发展动力，促进了整个农村资产的盘活和转化，从而促进了整个莫干山地区旅游产业的快速发展。盘活旧农房、旧厂房、旧校舍等闲置资产改建民宿，德清县西部的莫干山镇、阜溪街道吸引了以裸心谷、法国山居为代表的一批"洋家乐"。典型如莫干山居图，该民宿是由庙前村闲置的老村委办公楼改建而成，不仅盘活了资产，而且还实现了保值增值。通过签订 30 年的租用合同，前 3 年先付租金 12 万元，其后每三年上涨 10%，促进了整个村集体资产的增值和产业发展。

（二）旅游投资速度加快品质提升

德清县一直把旅游项目双产双进作为加快全域旅游发展的重要支撑，持续营造良好的营商环境，进一步加大招引力度，着力引进一批旅游"大好高"项目，同时建立健全旅游项目落地机制和旅游预评价制度，为加快项目落地创造良好条件。在此政策支持与配套鼓励下，近年来，德清旅游投资数量和质量不断提升。2019年德清县推进重点旅游项目33个，年度计划总投资30亿元，实际完成投资34.8亿元，完成年度计划投资的116%。全年成功引进投资亿元以上项目7个（含百亿元以上项目1个），计划总投资175.4亿元（表1-7）。

一方面，开元森泊、江南瑶坞、莫干山影视文创小镇等一批重点项目正加快推进，打造了德清县旅游高端度假品牌。德清县在建项目和前期项目计划总投资达300多亿元，政府实施"招商选资"和"项目论证"的产业遴选制度，进一步从投资方、投资额、项目创新性等角度提高区域新开企业的要求，着力引入国际公司和资本的大型综合类旅游项目。这些项目的引进，将完善德清旅游的产业结构，让游客"居在莫干民宿里，行在德清山水间"。另一方面，有针对性地引进项目，增加自然景观、亲子旅游、文创体验、购物旅游、研学旅游等项目，满足不同客群需求。

表1-7　2015—2018年莫干山签约大型项目汇总表

时间	资金投入	项目
2015	5.5亿元	竹隐舍得度假村
	8130万元	醉清风度假酒店
2016	5亿元	江南瑶坞度假村
	6亿元	御溪上境度假区
	1.7亿元	桃源文化聚落度假酒店
	5.87亿元	久祺国际骑营项目（开业）
	10.5亿元	莫干山郡安里度假区
	4800万元	Discovery探索极限基地

续表

时间	资金投入	项目
2017	50 亿元	莫干山国际影视文创小镇
	30 亿元	莫干山红树林度假酒店
	5.8 亿元	CASA 巴西风情度假区
	5.5 亿元	云兔互联网家居体验中心
	3.5 亿元	瑞士谷医疗养生项目
	3 亿元	莫干山文旅产业小镇
	1.8 亿元	千里走单骑艺术酒店
	4.28 亿元	裸心堡（开业）
2018	3 亿元	裸心活动村
	5 亿元	凯悦安达仕酒店
2019	120 亿元	如意航空产业基地项目（如意航空科技园）
	40 亿元	联合国地理信息会址商业配套项目（银泰城）
	5 亿元	莫干山凯悦梵丽酒店
	6.2 亿元	德清温德姆梦幻泰迪熊主题乐园
	1.5 亿元	北洋文化民宿旅游项目
	1.5 亿元	蠡山度假酒店项目
	1.2 亿元	沐溪湾玉石馆项目

　　此外，2018 年以来还有许多意向项目，例如万豪酒店、悦榕庄酒店、彼得兔乐园、非常莫干山音乐小镇、胡润户外运动二期；希尔顿嘉悦里酒店、幻想美术馆等项目仍在洽谈当中。同时，位于下渚湖畔的莫干山开元森泊度假乐园项目建设也在紧锣密鼓地筹备着，这个总投资 20 亿元的项目以"大自然"为原点，占地 1800 亩，为游客提供惊险刺激、亲近自然的游玩体验，正在进行最后"冲刺"。对于即将到来的2022 年，德清作为杭州亚运会的分场馆，在亚运会的连锁效应下，德清的"体育 +旅游"发展将迈开新征程。

（三）盘活资产拉动县域经济发展

发展全域旅游以来，德清县的经济发展不断升级。2018年全县生产总值（GDP）517.0亿元，比上年增长8.0%（按可比价计算）。其中，第一产业增加值22.4亿元，比上年增长2.4%；第二产业增加值267.5亿元，比上年增长8.8%；第三产业增加值227.1亿元，比上年增长7.7%。按户籍人口计算，全县人均生产总值为116994元，比上年增长7.6%。"十三五"前两年，GDP、人均GDP、财政总收入、规上工业增加值、城镇常住居民人均可支配收入、农村常住居民人均可支配收入六项主要指标平均增速高于全省平均水平，GDP、规上高新技术产业增加值和农村常住居民人均可支配收入三项指标增速位居湖州市首位（表1-8）。

表1-8 "十三五"前两年省市县部分指标年均递增

序号	指标名称	"十三五"前两年年均递增（%）		
		全省	全市	德清县
1	GDP	7.65	8.00	8.40
2	人均GDP	6.65	7.20	8.01
3	财政总收入	9.76	11.50	12.11
4	规上工业增加值	7.24	7.44	8.55
5	固定资产投资	9.74	13.60	13.60
6	社会消费品零售总额	10.90	11.47	11.68
7	城镇常住居民人均可支配收入	8.30	8.70	8.75
8	农村常住居民人均可支配收入	8.65	9.00	9.40
9	服务业增加值占比	1.45个百分点	1.3个百分点	1.35个百分点
10	规上高新技术产业增加值	10.65	7.97	9.53

数据来源：浙江省、湖州市、德清县2016年、2017年统计公报。

四、开启民智提升人民幸福感

（一）更新了人民群众的发展理念

一个旅游点致富一个村，一个旅游区繁荣一个县。渐入佳境的德清旅游业，使得越来越多的人吃上了旅游饭，也让众多德清村民参与分羹"生态红利"，惠民效应渐显。通过大力发展旅游业，积极鼓励和引导当地居民从事旅游业及相关衍生产业，不断提高旅游业的就业吸纳、增收致富能力，更新了人民群众的发展理念。随着全域旅游的发展，村民观念也在不断转变。德清旅游，特别是乡村旅游的发展，拓展了农民增收渠道。根据县统计局提供的数据，2018 年、2019 年主要旅游镇（街道）农民年人均可支配收入超过 3 万元，莫干山镇、下渚湖街道等主要旅游乡镇（街道）农民年人均可支配收入超过 3.1 万元，莫干山民宿集聚片区农民收入达到人均 4.5 万元。此外，民宿产业带动房租收入，仅农房出租年收入就有 1000 余万元，平均每幢每年收入 6 万多元。民宿产业吸收县内直接从业人员 5700 余人，为乡村旅游配套的商店、交通等旅游相关行业吸收县内从业人员 1 万多人，平均年人均收入为 4.5 万元左右。同时，大量的有消费实力的游客涌入农村带动了茶叶、笋干等特色农产品土特产的销售，让农民尝到了生态富民的甜头，真正把叶子变成了票子。据不完全统计，德清县旅游共计带动农民财产性收入近亿元。

通过旅游业的发展，也使得越来越多的德清人返乡创业。随着"洋家乐"和民宿的崛起，一批批年轻人回到了家乡创业，甚至，有人已在意大利打工 20 年，取得了合法居留证，也回到家乡开起了民宿。纪念改革开放 40 周年活动在禹越镇高桥村的活动中，宣讲团成员、返乡创业协会会长沈蒋荣以"乡村振兴"为主题，讲述仙潭村如何借着改革开放的春风，从一个闭塞贫穷小山村，逐步成为一个旅游村，并用自己励志的人生故事，分享不断奋斗进取所收获的幸福感。2018 年 2 月 4 日，由 70 多个返乡创业的年轻人自发成立的德清莫干山镇仙潭村返乡创业基地正式挂牌成立，全国首个村级返乡创业协会也由此诞生。

（二）提升了人民群众的幸福指数

全域旅游满足了本地居民和游客的多元化需求，乡村生态游、研学之旅、亲子之旅、舌尖之旅等特色游线让游客的目光投向了一些小众景区村庄，使得德清旅游成为提升人民获得感、幸福感的重要途径，能有效地满足日益增长的美好生活需要。针对德清居民的优惠旅游政策更加强了这种幸福感。

更为重要的是，全域旅游建设关系到千家万户，它的落脚点最终集聚在一个个村民的幸福感中。德清县的全域旅游建设中，始终坚持共享发展，创造更具幸福感和获得感的美好生活。旅游发展持续推进城乡居民增收，缩小城乡居民收入差距，打造让人民满意的教育、医疗卫生、养老、公共交通和社会保障体系。老百姓增收的同时，公共服务均等化让他们吃上了一颗"定心丸"。围绕着公共设施、就业服务、社会保障、社会事业等重要领域的公共服务均等化，正让越来越多的人民群众获得幸福感和获得感。西部山区通过农家乐发展，农产品附加值提高了，农村就业率提高了，农民收入增加了。而东部地区的农村则在新一轮的城乡规划中主动融入中心城镇，改变了工业和农业分离的格局，以工促农、以城带乡、工农互惠、城乡一体的新型工农城乡关系逐渐构成。截至 2018 年，全县全体常住居民人均可支配收入 44729 元，比上年增长 9.2%。其中城镇常住居民人均可支配收入 54863 元，比上年增长 8.7%。城镇常住居民人均消费性支出 33559 元，比上年增长 2.6%，其中食品支出占人均生活消费支出的比重为 28.9%。农村常住居民人均可支配收入达 32723 元，比上年增长 9.7%。农村常住居民人均生活消费性支出 21964 元，比上年增长 8.2%，其中食品支出占人均生活消费支出的比重为 25.9%。年末全县拥有各类福利机构 22 个，床位 3876 张。困难群众社会保障水平得到提高。全县低保对象 2507 户共 4163 人，全年共发放低保补助金 2985.9 万元；支出型贫困救助对象 104 户共 391 人，全年共发放救助金额 277.5 万元；全年医疗救助支出共计 1664.2 万元；全年县级临时救助 345 户共 1162 人，共计支出 145.6 万元。

（三）提高了人民群众的文明素质

随着外来旅游者的进入和文明旅游风气的倡导，在绿水青山中受益的老百姓由最初的要我做变为我要做，通过村规民约、乡贤参事会等载体，将一道道美丽风景转化成了文明风尚。很多村民开始自觉维护生态环境和卫生环境，注重自己的言行和着装。有的村还通过村规民约的引导凝聚村民及民宿业主的人心和人气。典型如 2017 年、2018 年和 2019 年仙潭村已连续举办三届的百寿宴。从最初的 25 家民宿参与活动赞助，到 2019 年已有 80 多家民宿业主、返乡青年自掏腰包宴请全村 80 余位耄耋老人与村民一起围桌共话、共品美食，其乐融融，同时欣赏舞龙、花鼓以及越剧等精彩表演。此外，仙潭村还发布了乡风文明条约。

通过全域旅游的发展带动，德清的文明旅游和村民的文明素质提升效果显著。浙江省公布 2019 年度善治示范村名单，德清县有 15 个村上榜，已累计认定省善治示范村 32 个，占全县行政村的 22.7%。获评"浙江省善治示范村"的村庄，须满足年集体经济总收入达 15 万元且经营性收入达 8 万元以上（其中 26 个加快发展县的村集体经济经营性收入达到 5 万元以上），同时，须为县（市、区）命名的平安村和文明村、市级以上民主法治村，并符合党建引领坚强有力、自治形式有效多样、法治理念深入人心、德治教育春风化雨、民生福祉不断提升等要求。

五、打造区域品牌且影响提升

（一）多项旅游品牌形成独特形象

依托优美的自然环境和良好的经济社会，德清先后被评为"中国全面小康十大示范县""国家卫生县城""全国体育先进县"等荣誉称号。以"洋家乐"为代表的国际化康体旅游新业态保持强劲发展势头，裸心谷、安堤缦等系列精品民宿吸引国内外大量游客前来休闲度假，"想裸心到德清"旅游品牌进一步打响；县内中国四大避暑胜地之一的国家级风景名胜区莫干山、"中国最美湿地"下渚湖和素有"千年古运河、百年小上海"之誉的新市古镇三大旅游景区联动发展，获"中国最佳休闲度假旅游县"称号，"原生态养生、国际化休闲"旅游品牌逐渐升温；生物医药发展基础扎实，拥

有"佐力""欧诗漫（OSM）"等一系列中国驰名商标，德清生物医药产业园被确定为国家火炬特色产业基地、国家科技兴贸创新基地、省块状经济现代产业集群转型升级示范区；"中国钢琴音乐谷"列入省首批 20 个重点文化产业园区，文化创意产业与旅游产业融合发展；以"讲道德·更健康"诚信农产品为主的都市型现代农业稳步发展，获得"中国青虾之乡"荣誉称号，被农业部评为全国农业标准化示范县（表 1-9）。

表 1-9　德清县获得的部分品牌称号

时间	获得品牌	评选机构
2010.11	中国低碳旅游示范县	亚太旅游联合会、国际度假联盟组织和中华生态旅游促进会
2011.12	下渚湖湿地风景区——中国最佳生态休闲旅游目的地	中国营销学会生态旅游度假养生分会、中国国际品牌协会、中国县域经济协会
2014.1	洛舍镇——中国钢琴之乡	中国轻工业联合会、中国乐器协会
2014.5	国家生态县	环境保护部
2014.6	中国最佳休闲度假旅游县	第二届美丽中华特色旅游品牌宣传推广盛会
2014.12	中国木皮之都	中国木材与木制品流通协会
2015.1	中国最美绿色生态旅游城市	中国营销学会、中国旅游热线联盟、中国县域经济协会
2015.12	中国十佳最美乡村旅游目的地	《环球时报》
2015.12	全国休闲农业与乡村旅游示范县	农业部和国家旅游局
2017.1	下渚湖街道、蚕乐谷——浙江省休闲农业与乡村旅游示范乡镇、示范点	浙江省农业厅、浙江省旅游局
2018.12	莫干山镇——中国体育旅游精品目的地	国家体育总局
2019.2	浙江省首批全域旅游示范县	浙江省人民政府
2019.11	文旅融合特色创新示范区	人民日报社、中国城市报社
2019.11	莫干山镇——2019 中国体育旅游十佳目的地	国家体育总局

（二）莫干山历史久品牌享誉全球

由于百年的历史积淀和人文情怀，莫干山成为德清县非常响亮的地域品牌，其知名度已经成为国际化品牌。莫干山已经有国家 4A 级旅游景区、国家级风景名胜区、国家森林公园等称号，同时也是中国四大避暑胜地之一，一直受到中外游客的青睐。莫干山被 CNN 称为：除了长城之外，15 个你必须要去的中国特色地方之一，莫干山地区被《纽约时报》评选为全球最值得去的 45 个地方之一，并先后荣获第一批中国特色小镇、全国环境优美乡镇、中国国际乡村度假旅游目的地、全国美丽宜居小镇、浙江省首批旅游风情小镇、省级休闲农业与乡村旅游示范镇、浙江省特色农家乐示范镇、浙江最美森林古道等荣誉，承办过首届联合国地理信息大会、全国基层党建座谈会、国际乡村旅游大会等大型会议。其中，2013 年，裸心谷成为中国国内首个荣获国际 LEED 绿色建筑铂金级认证的生态度假村，后来又被 CNN 评为"中国最好的九大观景酒店"之一。

莫干山的发展带动德清县民宿产业的快速发展。2013 年，德清民宿共接待游客 13.2 万人次，实现经济总收入 1.46 亿元；2014 年，德清民宿业态共接待游客 23.4 万人次，实现营业收入 2.36 亿元；2015 年，德清县以"洋家乐"为代表的特色民宿接待游客 28.8 万人次，接待境外游客 9.3 万人次，实现直接营业收入 3.5 亿元，为当地解决闲散劳动力 3600 余人，对德清县 GDP 做出了突出贡献；2016 年以"洋家乐"为代表的 100 多家精品民宿接待游客 34.8 万人次，同比增长 20.8%，其中境外 10.8 万人次，直接营业收入 4.5 亿元，同比增长 28.6%。目前，德清县共有经营民宿 750 余家，床位近 10200 张，餐位近 25000 席，其中包括精品民宿 150 家，县级高品质民宿 32 家，省级白金宿 1 家，省级金宿 1 家，省级银宿 6 家。2019 年，浙江省旅游发展领导小组办公室正式发文认定德清莫干山国际乡村旅游集聚区为省级乡村旅游产业集聚区。通过发展"洋家乐"民宿，莫干山逐步形成了集裸心谷、郡安里、西坡、大乐之野等休闲度假产业，Discovery、国际登山步道等户外运动产业，阳光生态园、义远有机农场、蚕乐谷等观光农业产业和民国风情街、1932 文创园为主的文化创意产业为一体的乡村旅游度假业态。目前，区域范围创建国家 4A 级旅游景区 1 个（庾

村景区），国家 3A 级景区 3 个（劳岭村、后坞村、仙潭村），共有登记在册民宿 750 余家，床位 11300 张，餐位 25000 余席。2019 年，莫干山国际乡村旅游产业集聚区共接待游客 272 万人次，实现直接营业收入 25.8 亿元。

（三）获得了生态原产地产品保护

2016 年，德清县着力加强"德清洋家乐"品牌保护提升，启动生态原产地产品保护工作，推动乡村民宿可持续发展。据中华人民共和国国家质量监督检验检疫总局关于受理生态原产地产品保护申报的公告（2016 年第 126 号），"德清洋家乐"成为全国首个服务类生态原产地保护产品。经公布后无异议现在已正式成为生态原产地保护产品（证书编号 000340）。

生态原产地产品保护证书

第三节 全域旅游德清模式的经验路径

一、全面深化改革，激发市场活力是德清全域旅游发展核心动力

（一）全市改革创新先行区强带动

在当前国家全面深化改革的大背景下，旅游业深化改革既是贯彻党中央、国务院战略决策部署的必然之举，也是旅游业发展变化的大势所趋。先行区建设是习近平总书记全面深化改革新理念、新思路、新战略在旅游业中的生动实践，是旅游强国战略

发展需要的积极探索。湖州市着眼于国内知名旅游目的地，依托丰富的文化资源和多样的自然旅游资源，立体打造"乡村旅游第一市，滨湖度假首选市"品牌，在旅游环境综合治理、厕所革命和智慧旅游等方面均走在全国前列。2015 年，湖州市作为浙江省唯一列入首批国家级旅游业改革创新先行区，以"创新统筹职能、创新政策措施、创新产业引导"为指引，在产业定位、综合管理体制、发展引导机制、公共服务体制、市场监管机制、景区管理体制、门票预约制度、区域协调发展体制、考核评价体系、旅游目的地建设政策体系十大领域先行先试。旅游业成为湖州市重点发展的千亿元产业，力争到"十三五"结束之年，旅游业增加值突破 280 亿元，占 GDP 比重提高到 11% 以上，确保各县市该比重均达到 11% 以上。湖州全力以赴加快旅游改革创新的步伐，走出一条旅游富民的道路，形成"做好五篇论文引领五大新发展"的"湖州创新"（图 1-10）。

做好"先行先试"文章，引领创新发展

· 《湖州市人民政府关于国家级旅游业改革创新先行区建设的实施方案》提出十大任务，重点推进改革创新
· 改革创新观念深入人心

做好"全域示范"文章，引领协调发展

· 《湖州市人民政府关于创建国家全域旅游示范区的实施方案》提出六方面突破
· 全市大景区打造

做好"观测中心"文章，引领共享发展

· 国家旅游局乡村旅游扶贫工程观测中心在湖州设立推进数据统计制度建立和流程优化

做好"乡村旅游"文章，引领绿色发展

· 美丽乡村建设全面展开
· 湖州乡村旅游发展标杆建设社会主义新农村的"湖州模式"

做好"丝绸之源"文章，引领开放发展

· 世界丝绸之源，丝绸之府
· 新丝绸之路和特色小镇

图 1-10　湖州市改革创新先行区的"五"大文章

（二）持续改革创新助推高质量发展

多年来，德清县坚定不移向改革要红利、向创新要效益，走出了发展新道路，培育了赶超新动能。这彰显的是习近平新时代中国特色社会主义思想真理力量和实践力量。德清县"富于创造"，在经济社会发展中不断探索创新，创造了多个全国第一。截至 2019 年年底，德清承担省级以上改革试点 78 项，在"多规合一""农地入市""标准地"等改革方面取得破冰，改革工作已进入多项试点联动推进、综合效应不断显现的新阶段。德清县率先完成户籍制度改革，33 项城乡差别政策全部调整并轨，"三权到人（户）、权随人（户）走"农村综合产权制度改革在全省率先取得突破；在全国敲响了"农地入市"第一槌，创造了集体经营性建设用地到银行抵押第一单，颁发了第一批宅基地"三权分置"证书，很多经验做法被写进国土资源部、财政部、国家银监会、浙江省出台的政策文件中，成功承办了两次土地制度改革的全国性现场会议，2017 年被评为全国农村土地制度改革三项试点成效突出县。全省唯一的农业供给侧结构性改革集成示范试点工作顺利完成。德清县正以高质量发展为总目标，以改革创新的理念为引领，靠改革集成的思路来应对，向空间要质量、向产业要动力、向服务要效率，真正以高质量改革助推高质量发展（表 1-10）。

表 1-10　德清县 78 项省级以上改革试点的部分名录

时间	改革试点名称	核心内容
2013 年	全省率先启动户籍制度改革	打破城乡户籍差异
2017 年	县域医共体	整合县级医院和镇（街道）卫生院资源，成立两大健康保健集团
2018 年	出台全国首个基于"三权分置"的宅基地管理办法	在明确宅基地集体所有权、农户资格权的前提下，允许农户转让、出租、抵押一定年限的使用权
	企业投资项目"一窗服务"	让企业办事只需跑一个窗口、时间缩短 3 个月
	标准地	在土地出让时明确其规划建设标准、能耗标准、污染排放标准、产业导向标准等。由于标准前置，企业拿地前，就已经知道该地块的使用要求和标准，经发改委"一窗受理"后，大大缩短了企业投资建设的时间

首先，德清的改革之所以持续、有力、有效，很大程度上就是因为德清县始终思发展、想发展、谋发展，坚持用改革的思维解决发展的难题。就拿"标准地"来说，就是聚焦高质量发展推出的一项制度创新，推动了资源要素的集约节约与优质高效利用。其次，德清县是尝到了改革创新的甜头而进入了良性循环。自改革开放以来，特别是中央提出了"全面深化改革"以来，德清县的老百姓和企业家尝到了最大的甜头（比如，在"最多跑一次"改革引领下，乡镇的老百姓在家门口就能办理各类民生事项；企业投资项目"一窗服务"让企业办事只需跑一个窗口、时间缩短3个月），党员干部得到了最好的历练（在全省率先建立改革创新容错免责机制，3年来共有百余名在改革一线的优秀干部得到提拔或转任重要岗位），改革的巨大红利效应让德清"人人关心改革、人人支持改革、人人参与改革"。最后，肩负着重任不允许停下来。改革往往是循序渐进的，一旦在某个领域率先破题，就意味着德清县最有条件再突破，上级往往会把下一阶段的试点任务继续交给德清，不断推动改革的系统化。比如，德清县在2012年开展户籍制度改革后，紧接着在2014年和2015年就成为全省唯一城乡体制改革试点和国家新型城镇化综合试点，这一系列改革让德清的城乡融合走在了全市、全省乃至全国前列。

（三）研判发展趋势快速推进落地

这些年，德清县坚持思想破冰、行动突围，注重以未来十年甚至更长时间的大视角去审视发展，坚持以"人无我有、人有我优"的理念抢抓机遇。特别是在产业发展领域，德清县敢于天下先，深入研判数字经济发展趋势。早在2012年，就结合县域实际，选准了地理信息产业为突破口，"无中生有"地打造了地理信息小镇。目前小镇获评省级特色小镇；国际会议中心、国际展览中心拔地而起成为城市新地标；300余家企业、万人双创团队落户于此，产值和税收实现连续5年同比翻番，并在2018年成功举办首届联合国世界地理信息大会。在此基础上，进一步捕捉人工智能发展机遇，找准"地理信息＋大数据＋人工智能"发展结合点，创建全国新一代人工智能创新发展试验区，打造全域城市级自动驾驶与智慧出行示范区。2013年，德清县对突破城乡壁垒进行深度探索，打破城乡二元结构，每年拿出8000万元财政资金填平城乡差异鸿沟。出台实施全省第一个"生态补偿机制"，投入 20 多亿元实现美丽乡村建设全覆盖，在全省率先启动小城镇环境综合整治，打造"洋家乐"、精品民宿、风情小镇等旅游目的地，带动村均经营性收入和农村居民人均可支配收入近五年年均增长 10.4% 和 9.7%。

二、抓住发展机遇，谋划全域蓝图是德清全域旅游发展重要战略

（一）诗画浙江打造全域大美格局

浙江省始终以"两山"理论为指引，坚定践行全域旅游的理念。作为较早提出并践行全域旅游的省份，浙江以"全域大景区、全省大花园"为发展目标，以"旅游＋"多产业融合为发展动力，以万村千镇百城景区化、旅游风情小镇建设、高品质景区打造等为抓手，以"一户一处景、一村一幅画、一镇一天地、一城一风光"，建设现代版的"富春山居图"为蓝图，走出了一条政府市场齐发力、共同探索全域旅游发展的道路。

浙江省于 2017 年被确定为全国 7 个全域旅游示范省创建单位之一。2017 年 6 月，浙江省第十四次党代会上明确了"大力发展全域旅游"的发展方向。2018 年 1 月，浙江省十三届人大一次会议上，把"创建全域旅游示范省""力争到 2022 年全省有万个行政村、千个小城镇、百个县城和城区成为 A 级景区"写进了浙江省政府工作报告。浙江省政府认定命名 26 个省级全域旅游示范县，近 70 个市县开展了全域旅游创建。各县（市、区）纷纷创新体制机制，超过 80% 的县（市、区）将旅游列为支柱产业重点打造，推进文化和旅游部门从单一的行业主管部门向综合协调部门转变，做到了"小政府、大服务"。2019 年，安吉、江山、宁海 3 个县（市）成功入选首批国家全域旅游示范区。

浙江全域旅游不限一地一隅，不在一景一区，而是"点、线、面"结合全面推进，"城、镇、村"联动全域提升。通过"点、线、面"的串珠、成链、扩面，浙江基本构成旅游中心城市、旅游县城、旅游风情小镇、旅游景区度假区、旅游特色乡村五级旅游系统，形成了全域旅游发展新格局（图 1-11）。

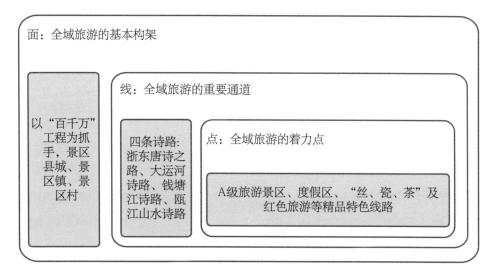

图 1-11　浙江全域旅游的点线面发展格局

（二）全域旅游规划指导政策保障

2016 年，浙江旅游接待游客达到 5.84 亿人次，旅游总收入 8093 亿元。2017 年，全省旅游总收入首次突破万亿元，成为推动全省国民经济发展的新动能。2018 年，旅游产业增加值 4931 亿元、占全省 GDP 的 7.8%，全年接待国内外游客 6.9 亿人次。成为国家级全域旅游示范省创建单位以来，浙江省从免费开放西湖景区，到创建百个兼具旅游功能的特色小镇、百个旅游风情小镇和 1 万个 A 级景区村庄，全面推进全域旅游发展。2017 年，浙江印发了《浙江省全域旅游示范县（市、区）创建工作实施意见》，并制定了"凸显浙江特色、高于国家标准"的《全域旅游示范县（市、区）创建指南》。全省近 70 个市县开展了全域旅游创建工作。2019 年，浙江省对桐庐县等 25 个全域旅游示范县（市、区）进行表彰，也意味着这 25 家单位已顺利通过首批"浙江省全域旅游示范县（市、区）"的考核验收。通过示范县的验收为各地树立榜样，鼓励进一步创新旅游发展理念，推进旅游发展全域化、旅游供给品质化、旅游治理规范化、旅游效益最大化，实现全城宜居、宜业、宜游，加快建成"诗画浙江"最佳旅游目的地。

浙江省 25 家省级旅游示范县名单

桐庐县、淳安县、宁波市奉化区、宁海县、象山县、温州市洞头区、永嘉县、文成县、德清县、长兴县、安吉县、嘉善县、桐乡市、绍兴市柯桥区、新昌县、浦江县、磐安县、江山市、开化县、舟山市普陀区、天台县、仙居县、缙云县、遂昌县、松阳县

2018 年，浙江省省旅游局印发《浙江省全域旅游发展规划（2018—2022）》，提出要率先把浙江建设成为全域旅游示范省、旅游业改革创新引领区和旅游业带动乡村振兴的样板区，使"诗画浙江"成为名副其实的中国最佳旅游目的地和有较大影响力的国际旅游目的地。在全省的发展格局中将"全域旅游推进工程"列入"大花园"建设五大工程之一，"四条诗路"旅游带和 5A 级景区创建列为"大花园"十大标志性工程。浙江省还着力于推动省特色小镇创建、培育工作，全省 127 个特色小镇中旅游产业类有 24 个，位列八大产业第二。《浙江省全域旅游发展规划（2018—2022）》提出的发展目标包括：2020 年浙江省旅游业总产出超过 1.6 万亿元；旅游增加值占地区生产总值的比重达到 8% 以上；力争到 2022 年全省有万个行政村、千个小城镇、百个县城和城区成为 A 级景区的目标。

德清县将全域旅游总体规划与县域总规、土地规划、环保规划等充分衔接，积极落实全域旅游发展理念。同时按照"名山、湿地、古镇"全域旅游格局，编制了《莫干山风景名胜区总体规划》《莫干山国际旅游度假区总体规划》《下渚湖湿地风景区总体规划》、新市古镇规划等。2018 年县政府还专门编制了《德清西部地区保护与开发控制规划》，并由县人大审议发布，进一步推动全域旅游的可持续发展。

（三）统一思想提高全域旅游站位

依托优越的地理区位，近年来德清主动对接长三角一体化发展，积极融入"一带一路"、长江经济带建设，不断深化"接沪融杭"，构筑起"谋划层次更深、融入进程更快、开放步子更大"的开放合作新格局，以实现更高层面的开放，更好地推动高质量发展。在融入杭州圈的过程中，旅游业的发展也面临和承接长三角工业竞争土地和资源的状况。在经济下行压力加大、工业增速放缓的背景下，德清全县统一认识，提高站位，将旅游业作为德清转型发展的有力支撑。以全域旅游建设为抓手，建设"全域大景区"。更重要的是，"县域大景区"所天然具备的"承一启二""接二连三"的产业融合能力，全面提升了德清城乡统筹水平，进一步缩小了城乡收入差距，初步实现城乡共同小康。

德清县先后通过数次会议推进全域旅游工作，并先后出台了《关于促进旅游业加快发展的若干意见》，在强化旅游发展举措、加大旅游资金支持、优化旅游发展环境等方面明确政策保障。另外，还出台了多个涉旅的专项政策文件，如《德清县重大旅游业项目用地管理办法》《德清县农村宅基地管理办法（试行）》《德清县工业用地"退二进三"暂行办法》等，设立每年不少于3000万元的旅游专项资金，为全域旅游发展提供政策支持（表1-11）。

表 1-11 德清县推进全域旅游的相关会议及文件

时间	会议	通过关键性文件或重要讲话
2014.11	全县旅游发展大会	提出"实现集聚化发展，打造县域大景区；从旅游'单项冠军'到'全能冠军'"
2016.11.10	县政府第75次常务会议	讨论通过了《德清县休闲旅游发展"十三五"规划》，总体上要更加明确定位目标，加强中、东、西三大板块的区域联动和一体化建设，实施全域品质旅游
2017.2.24	2017年德清县旅游工作会议	强调要以建设全域旅游示范县为目标，牢牢把握做强旅游产业这个中心不动摇，着力抓好四项重点工作
2017.7.25	第16次县委人大常委会会议	《德清县创建省全域旅游示范县暨推进湖州市国家级旅游业改革创新先行区试点实施方案》
2017.8.18	德清县创建省级全域旅游示范县推进大会	进一步明确全域旅游示范县创建思路、重点和措施；为新设立的德清县公安局旅游警察大队、德清县人民法院旅游巡回法庭、德清县市场监督管理局旅游分局授牌
2018.7.17	德清县全域旅游发展暨莫干山创建国家级旅游度假区动员大会	德清县委书记、县长王琴英提出"四个打造"。一是要打造国际化的旅游设施，着力完善游客服务体系和加快补齐交通设施短板。二是要打造多元化的旅游产品。三是要打造生态化的旅游环境。四是要打造品质化的旅游服务，加快打造信息共享平台，全面实现智慧旅游

续表

时间	会议	通过关键性文件或重要讲话
2018.8.31	全域旅游示范县"智慧旅游"检查反馈会	以省旅游局副局长为首的检查组指出：旅游数字化建设要围绕"通、化、特、细"四个字，实现"IT"到旅游、单部门到多部门、展示到分析三个面转变，重点在五方面下功夫：一是在运用上下功夫，提高大数据中心实用性；二是在连通上下功夫，实现数据从省市县到各涉旅场所、单位的连通；三是在服务上下功夫，提高旅游信息公共服务能力，满足游客出行前、中、后的需求；四是在分析上下功夫，进一步开发数据的整合、共享、分析、运用能力；五是在创特色上下功夫，要根据自身实际采集特色核心数据
2018.9.30	县委常委（扩大）会议	对德清下阶段工作提出打造"数字经济的高地""改革创新的高地""全域旅游的高地""幸福民生的高地"四个高地

三、精准务实提升，工作落实到位是德清全域旅游发展基本动能

（一）精准把脉全域旅游建设各点

围绕"诗画浙江"的总目标和"步步是景点、处处是景区、全省大花园"的总要求，浙江省一直全力推进国家全域旅游示范省建设，并形成了鲜明的"浙江模式"。其核心内涵包括：以顶层设计为引领，谋划全域旅游科学化发展；以"百千万"工程为抓手，接续推进全域旅游均衡化发展；以景区提质升级为重点，促进全域旅游优质化发展；以文旅融合为特色，实现全域旅游差异化发展；以大项目建设为根本，推动全域旅游持续化发展。此外，浙江全域旅游建设中更是不断总结，步步务实，稳扎稳打持续发力。2019年12月25日，召开的浙江省第四次全域旅游暨"百千万"工程推进现场会更是对目前全域旅游的重点、难点、亮点、支点、痛点、要点进行全面总结。德清县继续深入在全域旅游的上述重要点建设及相关工作，尤其在全面铺开千镇百城景区化方面，为全国提供宝贵的德清经验（表1-12）。

表 1-12　浙江省全域旅游目前建设的重要内容

重要点	建设方向	具体工作
重点	紧紧抓牢全域旅游创建"重"点	重点融入大战略、重点开展大创建、重点谋划
难点	大力化解万村景区化"难"点	加强一线指导、因地制宜、分类分级，下大力气完成一批困难村、堡垒村的创建
亮点	精心打造千镇百城景区"亮"点	全国首创，要按照"做示范、创样板"要求，全面铺开千镇百城景区化，为全国提供浙江经验
支点	牢牢盯住项目建设的"支"点	要以钉钉子的精神、高度负责的担当和百折不挠的韧劲，抓好每个项目建设的这个支点。抓招引，抓开工，抓开业
痛点	全面整治景区提质的"痛"点	痛定思痛，统一认识，以刀刃向内、自我革命的坚决态度，切实做好传统景区整改提升工作，彻底整治化解痛点问题，实现从门票经济向综合经济转变
要点	抓好扣紧文旅融合的"要"点	要按照"宜融则融、能融尽融，以文促旅、以旅彰文"的理念，开展文化基因解码工程，加快产品转化，打造文化和旅游金名片

（二）"标准化 +"行动提升旅游治理

浙江省较早意识到标准化在治理体系和治理能力现代化中的基础性、战略性作用，并着力推动标准化与经济社会发展的各领域、各层级深度融合，以"标准化 +"引领和支撑社会经济的创新、协调、绿色、开放、共享发展。早在 2016 年浙江省人民政府就印发了《关于浙江省"标准化 +"行动计划的通知》（浙政发〔2016〕22 号）。该标准一方面非常重视旅游标准化的建设，其中特别提出：完善全域旅游标准体系，制定旅游公共服务、旅游新兴业态标准，以标准化推进乡村旅游、工业旅游、海洋旅游、文化旅游、体育旅游、购物旅游、养生旅游融合，鼓励旅游企业结合市场需求和自身优势制定企业个性化标准。另一方面，提出加强长三角旅游标准化区域合作，推进区域一体化进程。显然，浙江省的标准化行动走在全国前列。

德清县利用"标准化 +"来提升旅游治理水平。2015 年德清县牵头制定的《乡村民宿服务质量规范》成为全国首部县级乡村民宿地方标准规范，为全国旅游标准化建设提供了德清经验。该标准不仅对现有乡村民宿发展经验进行推广，还在整体推进德清民宿的服务水平和德清民宿的规范化发展与方向引导上起到了非常重要的

作用。2017 年，国家标准化委员会正式将德清县与浙江省标准化研究院联合申报的《乡村民宿服务质量规范》国家标准列入制订实施计划，成为城乡统筹国家标准制定项目。

关于新颁布的德清县地方标准规范《乡村民宿服务质量等级划分与评定》，有三个问题最受关注。一是标准制定的背景，二是标准的主要内容及特点，三是标准实施的意义。

1. 标准制定的背景

2014 年 8 月，国务院发布了《关于促进旅游业改革发展的若干意见》（国发〔2014〕31 号），其中明确提出要"大力发展乡村旅游。依托当地区位条件、资源特色和市场需求，挖掘文化内涵，发挥生态优势，突出乡村特点，开发一批形式多样、特色鲜明的乡村旅游产品"。按照浙江省委、省政府关于把旅游业培育成为总收入超万亿元大产业的要求，率先全面建成旅游经济强省，2014 年 12 月浙江省发展和改革委员会、浙江省旅游局联合下发了《浙江省旅游产业发展规划（2014—2017）》，其中明确提出要："大力推进环莫干山等重点板块建设，到 2017 年全省重点培育 50 个旅游风情小镇和特色景观旅游名镇、100 个乡村旅游 A 级景区、1000 个特色乡村民宿。"旅游业是现代服务业的重要组成部分，是建设"两美德清"的重要抓手和有效途径，对于调结构、扩就业、增收入、优环境、惠民生具有重要作用，一直以来得到德清县委、县政府的高度重视。2014 年 1 月，德清县出台了《德清县民宿管理办法（试行）》（德政办发〔2014〕7 号），成立了以分管副县长为组长，发改、公安、财政、农业、质监、林业等部门有关负责同志为成员的德清县民宿发展协调领导小组，一年多来为确保德清县民宿安全有序经营，提升乡村旅游品质发挥了积极作用。

但是，目前在乡村民宿发展过程中，涉及民宿旅游服务质量的各个环节依然缺乏统一的技术指导。为将乡村民宿发展的经验、成果进行标准转化和推广，推动三产旅游新业态发展，2014 年《乡村民宿服务质量等级划分与评定》被列入县级地方标准规范制订计划。该标准由德清县旅游委员会、浙江省标准化研究院等5家单位共同起草。为了确保标准的科学性、合理性和可操作性，向省旅游局、省农办等上级主管单位、15个县直相关部门以及相关科研机构等发起征求意见。在充分吸纳各方意见的基础上，经不断修改完善，标准于2015年4月21日通过了由德清旅游局、德清质监局联合组织召开的专家审评会的审评。目前，《乡村民宿服务质量等级划分与评定》（DB330521/T 30—2015）地方标准规范已完成立项、征求意见、审评、报批、公示、发布等流程，于2015年6月1日正式实施。

2. 标准的主要内容及特点

《乡村民宿服务质量等级划分与评定》地方标准规范在总结提炼德清县乡村民宿发展成功经验的基础上，规定了乡村民宿的术语和定义、服务质量基本要求、等级划分条件及评定规则，具有四大特点：

一是刚性与柔性相济，规范框架和内容。以乡村民宿的经营场地、接待设施、安全管理、环境保护、服务要求、主题特色（"六位一体"）为内容构成标准的整体构架，以"标准民宿、优品民宿、精品民宿"（"三个等级"）和"基本条件、等级划分条件"（"两个条件"）为基础，确定标准的主要技术内容。

二是定性与定量结合，体现传承与发展。乡村民宿的发展不应一而化之，应彰显各自的特色，按照乡村的自然禀赋、历史传统和未来发展的要求，最大限度地保留原汁原味的乡村文化和乡土特色。因此，对涉及民宿安全、卫生等方面的重要指标项用量化进行统一规范；而对于服务要求、主题特色等方面，则用定性方式明确总体原则和要求，以预留乡村民宿发展的自由空间，适应不同风格民宿的发展。

三是重点与面上兼顾，突出导向和引领。根据乡村民宿服务质量的整体情况及所处阶段，标准的重点内容落于接待设施、安全管理、环境保护、服务要求方面。特别是针对乡村生态环境保护的薄弱环节，对污水和固体废弃物处理等重要指标提出了高标准、严要求。同时在具备基本要求条件的基础上，将民宿服务质量划分为三个等级，为乡村民宿服务质量提升指明努力方向。

四是当前与长远统筹，注重实效与创新。该标准在结合德清县乡村民宿现有发展水平的基础上，以"源于现实，高于现实"为整体基调，在技术要求、指标设计时充

分考虑了时间延展性，具有一定的先进性。同时，为了突出旅客的感知与评价对民宿发展的重要作用，引入了"旅客满意度"等具体指标作为服务质量等级评价标准，通过等级评定，使一批服务优质、经营规范、游客满意度高的民宿，进入较高等级行列，对乡村民宿发展发挥引导示范效应，营造诚信守法、创新发展和做大做优的良好氛围。

3. 标准实施的重要意义

作为德清县乡村民宿现阶段成果的总结和提炼，《乡村民宿服务质量等级划分与评定》的制定和实施将有利于对现有乡村民宿发展经验进行推广，整体提升德清县乡村民宿服务质量水平。同时，对德清县乡村民宿高质量建设、高效率管理、科学化评定等环节，具有重要的指导作用。

（三）实干为民打造担当有为队伍

德清县从上到下的务实工作的重要基石是一支实干为民的干部队伍，并将"工作关键在于落实，领导干部要敢于担当、有所作为"的理念贯彻到底。早在 2011 年德清县就提出凭实绩用干部，除了届中、届末、换届时的考察评分，还将基层一线干部平时工作评价折算成分数，让在一线默默无闻、埋头苦干的干部能够脱颖而出。多年来德清县一直将实干作风作为领导考核的重要指标。2017 年，德清启动的担当有为行动中，提出要开展"双勇"铁军建设工程和作风建设提升工程，为各项工作顺利开展提供坚强的组织和作风保障。从严加强干部队伍建设，打造一支勇于担当、勇立潮头的德清"双勇"铁军。"双勇"铁军建设工程，围绕"信念坚定、绝对忠诚，敢为人先、干事担当，勤政为民、干净自律，富有激情、充满活力"目标，以各级领导干部为重点，通过实施"学习提升、实干比拼、管理监督、激励关爱、选优培优"五大计划，推动全县党员干部比担当、比作为，立足岗位、奋力争先，为率先建成全面小康标杆县提供坚强组织保障（图 1–12）。

图 1-12　德清县"双勇"铁军建设工程和作风建设提升工程

正因为有这样是一支担当务实的队伍，因而成为全域旅游建设保障，也成为德清各大招商项目的重要吸引点。典型如 2019 年德清举办的第十届游子文化节上共签约项目 119 个。其中，IMG 中国主题乐园项目计划总投资 260 亿元。IMG 项目方正是被德清政府求真务实的工作作风、求贤若渴的发展决心打动和吸引。

近年来，德清县旅游部门也特别提出量化"最多提一次"的工作目标。针对局下属单位、协会、社团多，涉及服务对象多的特点，在做好"最多跑一次"的基础上，坚持问计于基层、问需于百姓，通过下基层、摸实情、解难题，结合"三进三服务"，尝试开展"最多提一次"活动，量化对象、量化时效、量化制度，提升问题解决率，切实提升群众的获得感。这切实提升了全域旅游的工作效率和各项工作的落实效率。

四、立足经济转型，重视区域差异是德清全域旅游发展的落地点

（一）坚持名山湿地古镇龙头引领

近几年德清旅游发展迅猛，势头很旺，但德清县政府清醒地认识到德清旅游亟待解决的三大问题，即①区域发展的不平衡性，东中部水乡旅游发展趋势较慢、热度较

淡，而莫干山西部旅游呈饱和状态；②品牌营造不足；③旅游业发展面临内部产业竞争、环境污染的影响和外部周边区域的同质化竞争状况（图1-13）。

根据资源的系统梳理和文化的梳理，德清作为中国"游子（感恩）文化"的发祥地和"瓷文化"的发源地，也是"马家浜文化"和"良渚文化"的发源地之一。德清旅游进一步围绕"一核两翼"的总体格局，充分依托区位和生态优势，加快以"名山、湿地、古镇"为核心资源的东、中、西三大旅游板块建设，在进一步提升莫干山的品牌价值基础上，加快促进下渚湖对中部地区旅游和新市古镇对东部地区古镇水乡旅游的带动。通过深挖水乡文化旅游资源，打造了三林万鸟园、干山红色基地、蠡山村、东衡村等一批3A级旅游景区，按照"成熟一个、发展一个"的原则，着力打造德清东中部旅游新业态，着力体现旅游"食、住、行、游、购、娱"六要素，推动区域联动，实现一体化发展。

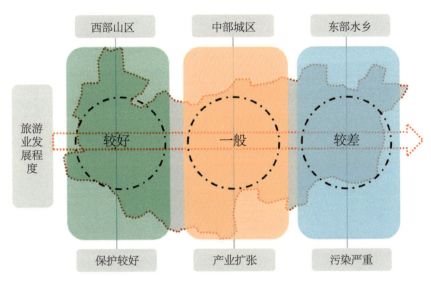

图 1-13　德清县旅游空间发展差异和竞争现状

（二）构筑东中西部差异发展战略

德清县充分利用区位、交通、产业、生态优势，构建了东、中、西三大板块，尤其是西部板块和东部板块与周围协作，实现德清与杭、沪旅游一体化。总体在空间上形成西部莫干山国际旅游度假区板块、中部下渚湖绿色中心城市板块和东部水乡古镇旅游板块，其具体的发展如下：

（1）西部：莫干山国际旅游度假区

以莫干山为龙头，通过山上山下联动发展，结合莫干山省级旅游风情小镇、庾村4A级旅游景区，进一步发挥"洋家乐"的品牌优势，提升发展精品民宿经济。以"国际化"为标准，积极引入高品质的旅游项目，加快发展农业旅游、文化创意、运动休闲、健康养生、商务会展、娱乐购物等多元化产品业态，增强游客的参与性和体验性。加快完善交通、商业、旅游厕所、慢行系统、信息化设施等公共配套设施，将莫干山国际旅游度假区打造成为国家级旅游度假区、中国国际乡村度假旅游目的地。

（2）中部：以下渚湖为绿心的中心城市

依托下渚湖国家湿地公园的核心资源，加快下渚湖大景区的旅游开发，通过湿地公园生态提升、开元森泊度假乐园、纳帕山谷、二都小镇等项目建设，打造集生态观光、休闲度假、文化体验、科普教育、健康养生等功能于一体的"湿地公园、养生小

镇"；增强中心城区的休闲旅游、交通集散功能，结合城西片区开发、康乾新区建设、地理信息产业园、通用航空产业园、乐视超级汽车工厂等建设，大力发展城市休闲旅游、商务会议旅游、研学旅游、购物娱乐等产品业态；乾元城区结合旧城改造，充分发挥自身的历史人文优势，利用古弄、古桥、老宅、城墙遗址等资源，大力发展文化体验、民俗节庆、休闲娱乐、美食旅游等产品业态，新、老县城有机结合，共同打造宜居宜游、主客共享的山水休闲度假名城。

（3）东部：水乡古镇旅游区

加强新市古镇旅游开发，以新市古镇保护为前提，积极扩展古镇旅游空间，形成"核心保护区＋拓展休闲度假区"的发展格局，以大运河国家公园建设为契机，深入挖掘运河文化、蚕桑文化、饮食文化等地方民俗文化，融入休闲旅游元素，积极发展民宿客栈、主题餐饮、特色购物、民俗节庆等旅游产品，同时加大停车场、游客中心、旅游厕所等配套设施建设，完善公共服务功能。将新市古镇打造成为江南名镇；成为浙北古镇运河旅游板块的重要组成部分和亮点。

充分挖掘和利用苎溪漾、西菰漾、荷叶蒲、农业生产、田园风光、乡土文化等资源，结合洛舍小城镇建设、钢琴小镇、蚕乡古镇观光带等项目的建设，串点连线，打造集循环农业、创意农业、工业旅游、滨水休闲度假、绿色农产品购物、民俗节庆体验等功能为一体的水乡平原旅游区。

同时，针对各个镇的差异，也进行了相应的定位。如洛舍镇是产业名镇，钢琴、木业是洛舍镇两大支柱产业。围绕持续强化钢琴和木业两大主导产业集群化优势，积极培育休闲旅游、文化创意等新兴产业。近年来深入挖掘洛舍漾的生态优势，推进集生态带、文化带、旅游带于一体的漾（洛舍漾）溪（东苕溪）建设，加快旅游休闲产业开发。再如钟管镇，在全域美丽大花园建设中，钟管将小城镇建设与美丽乡村建设双轨联动，启动15个美丽乡村工程，打造具有特色的精品乡村，通过乡村旅游开发加速乡村振兴，为全域美丽大花园建设添砖加瓦。还有莫干山镇大力推进蠡山村、干山集镇、沈家墩村等精品示范村，实现莫干山镇的全域美丽。

（三）强化交通连接构建全域连通

德清县在差异化发展战略的基础上，又通过交通联系和主题线路设计将空间联系起来，实现全域的联动发展。德清县县域内有铁路、公路和水路3种运输方式，已经形成了"一纵四横"的主干道框架，具备了全域连通的基础设施条件（图1-14）。

图 1-14　德清县交通现状

随着全域旅游的推进，德清构建了相应的连通三大板块的空间发展轴线，并推出了三条旅游精品线路。西部山区风情民宿度假乡村线以民国风情小镇庾村为起点，将劳岭村、五四村、仙潭村等一批村庄串成风景。中部地区防风湿地生态田园线，以国家湿地公园下渚湖为亮点，二都小镇、蠡山村、干山村等各有特色。东部地区蚕乡古镇休闲农业线，从"千年小上海"的新市古镇到江南水乡禹越镇三林村，可以进行风情体验和生态观光（表1-13）。

表 1-13　德清县旅游空间发展轴线

级别	发展轴线	各级增长节点及辐射区域	重要景区景点	主要旅游产品
一级	德桐线——德清大道	新市、武康、莫干山、乾元	新市古镇、下渚湖、莫干山	民宿度假、湿地观光、古镇观光
	莫干山异国风情带	筏头村、庾村、后坞村、横岭村	裸心谷、碧坞龙潭、天泉山度假区	民宿度假、休闲运动、观光体验
二级	中部防风湿地休闲观光带	上柏村、二都村、沿河村	湘溪农业园、熊猫馆、防风祠、蠡山文化旅游区	休闲度假、乡村旅游、湿地观光
	中东部历史文化观光带	东衡村、滕头村、蠡山村	新港农业园、洛舍漾休闲园、乾元精品小镇	风情体验、生态观光

续表

级别	发展轴线	各级增长节点及辐射区域	重要景区景点	主要旅游产品
二级	东部蚕乡古镇休闲观光带	青墩村、干村村、陈家圩村	百亩漾休闲庄园、金象岛旅游区、荷叶蒲观光园	古镇观光、节事体验

五、加强基层治理，引领乡村复兴是德清全域旅游发展的出彩点

（一）美丽乡村升级版促乡村变革

乡村复兴的过程是中国乡村重生和新生的过程。德清在全域旅游建设过程中进行的美丽乡村的建设以及美丽乡村升级版的打造，实际上是城乡融合发展新背景下一次更深刻的乡村大变革。美丽乡村建设带动的乡村复兴不仅是德清全域旅游发展的一个基石，也是德清全域旅游发展的亮点。

从德清的乡村发展来看，从改革开放以来根据国家重大政策导向基本可以分成乡村裂变、乡村蝶变和乡村聚变三个阶段。通过三个阶段的发展，德清县以打造美丽乡村升级版为目标，通过政府主导、政策驱动，科学规划、分步实施，强化整合、统筹协调，不断完善美丽乡村建设的体制机制（表1–14）。

表 1–14　德清乡村旅游发展的三个阶段

阶段	核心特征	德清乡村状况
1978—2000年，乡村裂变阶段	·农民的分工分业分化 ·县域工业化和城镇化提升及农村优质劳动力流出 ·农村生态污染加重和环境脏乱差出现	·德清大力发展乡镇企业、个私经济和民营经济，农村劳动力大量进城务工经商 ·农户之间收入差距拉大 ·劳动力老龄化和农村"空心化"现象出现 ·部分农村出现衰落
2000—2012年，乡村蝶变阶段	·党中央实施城乡统筹战略 ·浙江省率先开展社会主义新农村建设 ·以农村环境整治为重点，促进城市基础设施向农村延伸、城市公共服务向农村覆盖、城市现代文明向农村辐射	·德清开展了以创建"和美家园"为特色的村庄环境综合整治工程和新农村建设 ·2008年浙江提出把美丽乡村行动计划作为深化"千万工程"的目标，德清干在实处、走在前列，成为全省领先者 ·部分乡村由暮气沉沉的失落乡村向生机勃勃的美丽乡村转变

续表

阶段	核心特征	德清乡村状况
2012 年至今，乡村聚变阶段	·党的十八大提出"中国要强农业必须强，中国要美农村必须要美，中国要富农民必须要富"的新论断 ·浙江按党的十八大精神开展打造美丽乡村升级版建设 ·全面践行"两山"重大战略思想	·2016 年出台《德清县美丽乡村升级版战略规划》，启动六大行动计划 ·吸引大量人才返乡创业 ·进入了以城乡融合、产业融合、产城融合、三生（生产、生活、生态）融合为主要特征的新时代美丽乡村建设阶段

在不断总结经验的基础上，德清县编制完成《德清县美丽乡村升级版战略规划（2016—2020）》，指导新一轮美丽乡村升级版建设。全县按照战略规划开展了"绿美乡村、共富乡村、人文乡村、智慧乡村、乐活乡村、善治乡村"六村行动计划，取得了显著的乡村治理成效。这些成效主要体现在：大力提升农村人居环境，建设生态农韵的绿美乡村；大力发展美丽经济，建设共创共享的共富乡村；弘扬农村文明乡风，建设文化为魂的人文乡村；大力推进农村信息化，建设"互联网+"的智慧乡村；推进城乡综合配套改革，建设城乡联姻的乐活乡村；巩固社会和谐成果，建设服务臻美的善治乡村。中央农办主任、中央财办副主任韩俊对《从德清美丽乡村建设实践看乡村复兴之路》研究报告的批示中写道：德清以新发展理念为引领，全面践行"两山"重大战略思想，努力打造美丽乡村升级版，其经验值得借鉴（图 1-15）。

（二）加强基层治理创新乡土文化

在进行全域旅游建设和美丽乡村的升级改造

历程：
- 中国和美家园建设
- 美丽乡村建设
- 打造美丽乡村升级版

德清农村人居环境打造走在了全国前列：

2013年　成功创建省美丽乡村先进县

2014年　全省美丽乡村建设现场会在德清召开

2015年　全国首次农村人居环境普查评价德清县位居第一

2016年　中国（德清）美丽乡村建设研讨会在德清举行

美丽乡村建设盘点：

节点投入：**13.8**亿元。
进展成效：**118**个行政村完成创建、**11**个县级精品示范村、**107**个市级美丽乡村、**11**个省级以上美丽宜居示范村。
农村生活污水治理：自然村覆盖率达**100%**，农户受益率达**80%**以上。
农村垃圾治理：无害化处理率**100%**

美丽经济看点（2012—2015年）：

全县接待国内旅游者人数年均增长**16.7%**
入境旅游者总人数年均增长**21.5%**

图 1-15　德清县美丽乡村建设历程与成效

中，关键是要建立切实可行的基层治理体系，才能保证和巩固全域旅游的建设成果。因此，德清县全力构建法治、德治、自治"三位一体"社会治理模式，持续深化"驻村连心""返乡走亲"等行之有效的活动载体，创新推行"乡贤参事会""便民36条"等基层自治做法，进一步提高社会治理能力。在基层治理强化的相关工作中，一是以"立德、立言、立业、立境、立信"五立评价标准实施美丽家庭创建活动等为载体，开展万个美丽家庭创建活动，落实美丽乡村"共建、共享、共美"的建设机制。二是深入开展"十线百村"党建提升工程，软弱落后村"一村一策"整改转化到位，县镇村党组书记抓基层党建责任清单全面落实。三是深入开展全民道德教育，设立全国第一个"公民道德教育馆"，创新推出"百姓设奖奖百姓"，根据道德模范感人事迹编排成越剧《德清嫂》登上国家大剧院的舞台，形成公民道德建设中独特的"德清现象"。早在2009年，德清便建立了全国首个公民道德教育馆，从文化建设高度深化本土道德文化。近年来，德清民众累积自发成立民间草根奖，用于奖励在道德文化方面表现突出的个人，坚持德治为领，依托"百姓设奖奖百姓"这一有效载体，深入挖掘培育草根中的"最美"典型，形成了"金字塔"式先进典型群体，51个民间"草根奖"累计受表彰人数达5000多人。"百姓设奖奖百姓"的创新实践在改善民风的同时，也推动着德清传统道德文化在现代社会得到继承和升华。

德清县建立的全国首个公民道德教育馆

德清县在全国首创了"乡贤参事会"农村治理模式。"乡贤参事会协商文化村治模式"获 2016 中国十大社会治理创新奖。在德清乡村，有"乡贤参事会"56 个，乡贤能量的自然复苏，意味着乡村文化在现代进程中顺利完成了自我更新，创新发展的德清乡土文化正彰显出新的社会价值。此外，德清县从 2010 年开始，还每年举办游子文化节，邀请来自五湖四海的乡贤、德商、嘉宾齐聚，共叙乡情、共话发展，进一步推进乡土文化的更新发展与时代共融。

五四村党支部获得全国先进基层党组织称号

（三）内外兼修共享城乡美好生活

德清县全域旅游发展中，始终将内外兼修共享城乡美好生活作为自己的发展理念，并采用了多样性的措施推动城乡美好生活的共享，成为在全国全域旅游建设中突出的亮点。首先，德清县多管齐下促增收。全面实施城乡居民收入倍增计划，健全城乡统一的公共就业服务体系，累计新增就业 8 万人。大力培育发展民宿新业态，带动近 1.5 万农村居民摆脱土地束缚转产就业。以"裸心谷"为例，共吸纳当地就业 400 余人，人均工资收入近 5 万元。2018 年，城镇常住居民人均可支配收入 54863 元，农村常住居民人均可支配收入达 32723 元，城乡收入比降至 1.68∶1。其次，德清县全面并轨促均等。大力推进城乡交通、住房保障、供水、污水处理、垃圾处置"一体化"，做到了城乡覆盖、一体均等。每年增加财政投入资金约 3000 余万元，对符合住房保障条件的进城镇落户

农民家庭统一纳入城镇住房保障体系，廉租房、经济适用房、公共租赁房等由单一保障城镇户籍居民统一为全县所有户籍居民。推行被征地农民基本生活保障制度与企业职工基本养老保险并轨，城乡居民基本养老保险、医疗保险、最低生活保障标准实现全县并轨。德清校车专车专营模式推动国家立法，建成全国义务教育发展基本均衡县，成为全国首批农村职业教育和成人教育示范县、全省基本实现教育现代化县。最后，德清县三治一体促和谐。完善法治、德治、自治"三治一体"的基层社会治理现代化体系。坚持法治为纲，建立覆盖全县域的"一中心四平台"综合治理机制，深入推进"网格化管理、组团式服务"，创新"七个一线工作法""五进五不出工作法"等工作机制，构建起大防控大调解体系，实现平安建设"十五连冠"，于 2020 年 4 月获得"一星平安金鼎"。

六、部门紧密联动，创新管理机制是德清全域旅游发展重要保障

（一）党政统筹建多部门协同机制

2017 年，德清县成立了由县委书记、县长双组长，各相关部门为组员的全域旅游工作领导小组。根据出台的《德清县创建省全域旅游示范县暨推进湖州市国家级旅游业改革创新先行区试点实施方案》（德委办〔2017〕48 号），对照标准，制订实施方案，将创建的六大必备条件和六大任务，细化了 89 项具体任务。全域旅游工作领导小组合力统筹抓落实。分解工作任务，编制了年度重大旅游项目推进计划、A 级景区村庄创建计划、民宿提升计划等。

另外，德清县以打造乡村振兴标杆县为契机，结合全域旅游发展，建立跨部门旅游配套设施建设机制。以县林业局、原县旅委、莫干山镇等多部门出资共建了莫干山旅游集散（换乘）中心，并由县文旅集团负责运营。成立"厕所革命"工作推进领导小组，城乡统筹，推进全域旅游厕所新建、改建工作。建立林业局、水利局、建设局、文旅局等多部门通景公路推进协调机制，建成环莫干山异国风情观光线等通景公路及绿道等旅游配套服务设施。

（二）精准统计助力精准有效营销

精准的数据统计、符合县域范围内的统计数据标准和管理体系的建立是德清县全

德旅发〔2017〕6号

德清县旅游委员会关于印发
《德清县旅游委员会关于推行德清旅游套票的奖励实施办法》的通知

县各旅游企业，本局各科室（所）：

德清旅游套票自2011年实施以来，整体运行良好，对德清旅游可持续发展起到了一定的作用，通过五年的运作，我们认真总结运作过程中工作情况，提出在原有基础上，进一步健全和完善，形成《德清县旅游委员会关于推行德清旅游套票的奖励实施办法》文件印发给你们，请认真贯彻执行，本办法自2017年3月1日起实施，原办法（德旅发〔2012〕4号）即日起废止。

德清县旅游委员会

2017年2月15日

— 1 —

德清县旅游委员会关于
推行德清旅游套票的奖励实施办法

一、德清旅游套票的定义

德清旅游套票是指县内两个景区（点）及两个景区（点）以上联合打包销售门票。套票由德清旅游集散中心统一制作销售。

二、推行德清旅游套票的意义

（一）整合旅游资源，丰富旅游产品组合。德清旅游产品本身具有互补性，山水兼得，动静相宜，通过套票的销售可以很好的整合旅游资源，丰富县内旅游产品的组合。

（二）拉长旅游线路，刺激游客旅游消费。通过套票的销售，以及集散中心购物平台的不断完善，实现吃住行游购娱旅游六要素在德清旅游全面体现的效果。

（三）统一门票售价，维护市场价格稳定。通过套票的销售，逐步实现各景区联合对外营销，既实现了景区的抱团联合，又通过优惠措施刺激了客源市场，防止景区价格恶性低价竞争。

（四）加大奖励力度，激活宣传营销机制。由于体制方面的原因，德清旅游过去对外地旅行社一直让利较少，门票销售奖励力度也不大，实现套票销售可以以集散中心为平台，通过政府补助和景区让利相结合增加对景外旅行社的奖励，进一步推动德清旅游的发展。

三、德清旅游套票具体实施方法

— 2 —

以景区目前对外团队销售价为基础，推行德清旅游套票，县外旅行社购买任何2个景区及2个景区以上的套票享受团队销售价9折优惠。特殊团队（老年团、教师团、学生团等特殊团队），活动价（300人以上），淡季再议。县内宾馆饭店、农家乐享受与县外旅行社同等的团队优惠政策。

详见下表：

景区（点）	挂牌价	团队销售价	两个景区及两个景区以上套票优惠价
莫干山风景区	80元	55元	50元
下渚湖湿地风景区	80元	45元	40元
新市古镇	50元	20元	16元
杨墩休闲农庄（采摘点）	35元（不包括枇杷、葡萄、草莓采摘）	22元	18元

四、德清旅游套票奖励办法

德清县旅游委员会将以鼓励推行德清旅游套票为目的，针对县内、外旅行社，制定奖励政策及实施办法。具体如下：

（一）县外旅行社奖励政策及实施办法

奖励政策：

县外旅行社直接组团至德清（通过县内旅行社地接不计在内），年"输送"在100～500人次之内，奖励按5元/人次；年"输送"达到501人次以上，奖励按10元/人次。

实施办法：

— 3 —

奖励由德清旅游集散中心根据奖励政策具体执行。

（二）县内旅行社奖励政策及实施办法

奖励政策一：按实际使用套票数量分段进行结算，实施奖励。

县内旅行社年购买套票达500人次，给予1000元奖励；

501～1000人次，自501人始，给予4元/人次奖励；

1001～5000人次，自1001人始，给予5元/人次奖励；

5001～10000人次，自5001开始，给予6元/人次奖励；

10001～20000人次，自10001开始，给予6.5元/人次奖励；

20000人次以上，自20001开始，给予7元/人次奖励。

实施办法：

1. 县内旅行社购置旅游套票，应根据组团实际人数提前预订，做到一团一购旅游套票，未组团旅行社不得提前预购。

2. 团队必须由10人（含）以上组团而成，并经集散中心审核后方可售票。

3. 旅游套票自行撕下无效，一经第一景区使用后，五日内有效，逾期无效。

4. 奖励实行申报制。凡在德清旅游集散中心购买旅游套票的县内旅行社（公司）均可提出申请奖励。申报奖励单位须填写《旅行社组团业务情况汇总表》（附后）并提供以下资料。

（1）列出游览景区（点）的旅行社出团计划书（盖章）复印件1份；

（2）德清旅游集散中心签章的门票存根。

— 4 —

（1）《德清县旅游委员会关于推行德清旅游套票的奖励实施办法》

（2）《德清县旅游委员会关于推行德清旅游套票的奖励实施办法》

域旅游成效检测和精准经营的有力保障。首先，在人员保障和体系方面，德清县招聘专职的旅游统计员负责相关旅游数据统计工作，建立了旅游企业、乡镇（街道）、村旅游统计联络人完整的旅游统计队伍。其次，在统计指标创新方面，浙江省全域旅游产业统计分类以国家统计局旅游及相关产业统计分类为基础，考虑浙江省旅游产业与其他相关产业融合发展情况，增加约25个行业小类。主要包括农林牧渔业休闲旅游、旅游活动产品制造（如旅游活动房屋制造、旅游游艺器材及娱乐用品制造、旅游房车制造等）、旅游建筑与旅游房地产、旅游金融服务等。湖州市创新提出新的旅游统计指标体系——旅游业贡献度，并形成一套科学完整的旅游统计和调查分析方法，完成省级全域旅游产业贡献度试算工作，在全省调整推广。最后，建立完整的统计数据上报制度。德清县按时保质保量地按照原国家旅游局制定的旅游统计调查制度进行统计工作，在浙江旅游统计系统内上报相关数据，建立了每季度样本旅游企业上报旅游监测系统。

在科学统计的基础上，德清县有针对性地进行旅游营销。德清县将旅游营销专项资金纳入年初的旅游发展专项资金预算，每年从旅游发展专项资金中划拨。德清县针对目标客源市场，通过推行德清旅游套票、"寻找'山与海'的记忆"莫干山老照片征集活动、杭州市民免费游德清等政策，积极进行市场营销宣传。此外，为加快推进"全域旅游"发展战略，进一步整合旅游资源，助力"美丽乡村"及乡村景区建设，优化组合精品旅游线路，由县旅游主管部门牵头，组织美都旅游有限公司等18家旅行社负责人对五四村景区、地信小镇景区、开元森泊、三林村景区进行了踩线考察，开展全方位合作，共建、共推、共享。

（三）推进部门联动创新监管机制

德清县按照国家和省市旅游综合执法体制改革的总体部署和要求，紧紧围绕全域旅游发展战略，大力推进了旅游综合执法体系建设。德清县通过建立县公安局旅游警察大队、县市场监管局旅游分局、县人民法院旅游巡回审判庭，同时在 4A 级景区和省级旅游度假区设立旅游警务室、旅游消费维权联络站、旅游审判点，进一步加强了部门间的协调配合，联动抓好旅游综合执法，探索旅游市场秩序监管模式的改革。德清县注重执法队伍建设，加大对旅游警察支队、旅游市场监管等队伍建设，提升队伍素质能力，推进执法网络更精细；按照"部门联动、各司其职、齐抓共管"的原则，全面整合、畅通旅游投诉渠道，提升综合执法效率，推进执法水平更高效；不断探索创新执法工作方式，以游客满意为中心，创造性开展旅游综合执法工作，推进执法方式更多元。

德清县机构编制委员会文件

德编〔2017〕32 号

关于同意设立县市场监督管理局旅游分局的批复

县市场监督管理局：

你局《关于建立德清县市场监督管理旅游分局的请示》（德市监〔2017〕43 号）收悉。

经县机构编制委员会 2017 年第二次会议研究，批复如下：

一、同意设立县市场监督管理局旅游分局，与县市场监督管理局内设机构消费者权益保护科合署办公，机构规格为正股级，人员编制由县市场监督管理局内部调剂解决。

二、县市场监督管理局旅游分局主要职责：贯彻执行《中华人民共和国旅游法》及相关法律法规和规章；依法组织协调涉及旅游市场中的无照经营、虚假广告、虚假或者引人误解的宣传，销售假冒伪劣商品、利用合同格式条款侵害消费者合法权益、垄

— 1 —

德清县机构编制委员会文件

德编〔2017〕36 号

关于设立县公安局旅游警察大队的批复

县公安局：

你局《关于要求设立德清县公安局旅游警察大队的请示》（德公请〔2017〕31 号）收悉。

经县机构编制委员会 2017 年第二次会议研究，批复如下：

一、同意设立德清县公安局旅游警察大队，与治安大队合署办公，机构规格为正股级，人员编制由县公安局内部调剂解决。

二、县公安局旅游警察大队主要职责：贯彻执行《中华人民共和国旅游法》及相关法律法规和规章；组织指导、协调、打击涉及侵害旅游者人身和财产安全的违法犯罪案件；依法监督、检查、指导全市旅游企业的安全保卫工作；指导辖区内的景区景点

— 1 —

德清县设立旅游监督分局和旅游警察大队的批复

第二章 全域旅游实现美丽花园 城乡协调促进发展联动

第一节　全域旅游德清模式的建设路径

一、高瞻远瞩，推进多规合一

（一）多规合一平台保障旅游发展

作为全国改革创新的试点县，德清县的"多规合一"试点得到肯定。作为国家四部委确定的"多规合一"试点市县之一，德清县已完成以"1+1+N"为架构的"多规合一"信息平台框架开发，制定出台《德清县"多规合一"协作联动工作实施意见》，探索形成了"四同步""三统一""六梳理"等多规合一编制工作方法。各类选商引资项目和工业技改项目通过平台进行项目合规性审查，开展项目预评价、标准地出让方案审批和项目承诺制预审工作。试点工作成果获得了住建部领导的高度肯定。此外，德清县实施"多规合一"2.0平台，国土空间规划（含原城乡规划、土地利用规划、生态环境保护规划等相关规划）充分满足了旅游业发展需求。

（二）集成改革深化应用审批提速

德清县积极探索"多规合一"与"最多跑一次"集成改革，创新实施"标准规划"+"标准用地"+"标准服务"模式；"多规合一"规划协同平台2.0基本完成建设，将原有的项目预评价功能改造为标准规划模块，标准用地模块全面启动应用，构建"规划编制、项目生成、土地出让、审批实施、竣工复核"的全闭环改革链条，实现规划审批提速新突破。平台运行至今，累计录入项目2536个、办结通过1801个、否定95个。"多规合一"与"最多跑一次"集成改革，大大加快了旅游项目的审批提升和多部门协作。

（三）多项规划融合保障全域旅游

《德清县文化产业发展规划》《德清县乡村振兴战略规划》《德清县水利现代化建设规划》等与旅游发展规划深度融合。为了推动全域旅游的发展，德清县制定出台了《德清县人民政府关于促进旅游业加快发展的若干意见》（德政发〔2014〕44号）和《德清县人民政府办公室转发县旅委关于德清县促进旅游业加快发展相关实施细则的通知》（德政办发〔2016〕151号），提出强化旅游发展举措12条，从体制机制、资金支持、公共服务设施配套、旅游用地保障、人才培养引进等多方面支持全域旅游发展。进一步对照标准，制订实施方案，将创建的六大必备条件和六大任务，细化了89项具体任务，并将其纳入年度考核工作中。

德清县人民政府《关于促进旅游业加快发展的若干意见》

二、市场导向，完善产品体系

（一）景区为核心的产品体系打造

截至2019年年底，德清县已有4家国家4A级旅游景区和10家国家3A级旅游景区。此外还有24家3A级景区村庄、27家2A级旅游景区村庄和43家A级景区村庄（表2-1）。

表 2-1　德清县国家 4A 级和部分国家 3A 级旅游景区

序号	单位名称	质量等级	地址	通过评定时间
1	德清下渚湖湿地景区	4A	德清县下渚湖街道下仁线下渚湖湿地风景区	2011.1.21
2	德清莫干山景区	4A	莫干山风景区 97 号	2011.1.21
3	德清庾村景区	4A	德清县莫干山镇燎原村	2018.12.29
4	德清地理信息小镇	4A	德清县塔山街 901 号	2020.1.8
5	德清新市古镇景区	3A	德清县新市古镇	2013.12.31
6	德清五四景区	3A	德清县阜溪街道五四村	2016.12.25
7	德清后坞（村）景区	3A	德清县莫干山镇后坞村	2017.8.12
8	德清劳岭（村）景区	3A	德清县莫干山镇劳岭村	2017.8.12
9	德清蠡山（村）景区	3A	德清县钟管镇蠡山村	2017.8.12
10	德清二都（村）景区	3A	德清县下渚湖街道二都村	2017.8.12
11	德清上扬景区	3A	德清县下渚湖街道上杨村	2018.12.20
12	德清仙潭景区	3A	德清县莫干山镇仙潭村	2018.12.20
13	德清三林景区	3A	德清县禹越镇三林村	2018.11.7
14	德清通航制造小镇	3A	德清县雷甸镇启航路	2019.12.13

数据来源：德清县文化和广电旅游体育局。

　　为了打造高等级精品景区，实现国家 5A 级景区"零突破"，德清县积极推动下渚湖创建国家 5A 级景区。围绕下渚湖大景区的全面联动发展，结合《浙江德清下渚湖湿地风景名胜区总体规划（2016—2030）》等规划，编制 5A 级景区旅游发展规划。

　　第一，加强组织领导保障。以创建为抓手，提升下渚湖大景区品质。对标国家 5A 级旅游景区创建要求，成立以县委书记为组织的创建领导小组，召开创建动员大会，明确创建时间和目标。以县文旅集团、下渚湖管委会为创建实施主体，县文广旅体局及创建辅导单位蜗牛景区管理集团等协同，各部门联动推进 5A 级旅游景区创建工作。目前县文旅集团已委托蜗牛（北京）景区管理有限公司按照 5A 级旅游景区标准，对下渚湖景区进行委托管理和建设。对标 5A 级旅游景区创建，开展景区营运管理、市场推广、项目建设、旅游公共基础设施配套等软硬件方面提升工作。

第二，强化景区品质打造。一是加快景区业态培育。持续实施了下渚湖景区改造提升工程，改造了景区入口山地皇区块，对景区内乐岛进行全面改造提升。利用山地皇区块优越的湿地自然资源，发掘沿路湿地风貌潜质，打造进入下渚湖湿地核心区的形象风光带。在保留乐岛原生态湿地面貌的基础上，将岛上原先的特色长廊、湿地烧烤、水上娱乐、童玩童趣、水生植物观赏等景点加以提升改造。乐岛景区已经成为集娱乐休闲、生态体验、科普教育于一体的综合性休闲湿地公园。此外，游客中心、景观市政提升、停车场及商业配套设施均已建成投运。二是加快景区服务设施建设。建设下渚湖旅游集散服务网络，在下渚湖游客中心的基础上新增多个乡村旅游咨询点等。下渚湖景区周边旅游标识标牌、旅游厕所、停车场等实施统一规划建设和管理。三是提升景区周边环境。先后成功创建二都村、沿河村两个3A级景区村庄，围绕下渚湖城市绿心改造提升旅游小镇基础设施建设，新建二都小镇游船码头、县级乡村振兴馆，积极发展精品民宿新业态等。开元森泊、田博园、下渚湖度假村等项目陆续建成并投入运营。

第三，推进区域联动发展。进一步推进开元森泊、田博园、升华度假村等项目，提升景区品质，增强辐射带动效应。强化岛镇联动，重新合理安排游线，解决当前运力不足问题。持续丰富小镇业态，大力招引食、住、游、购、娱等商业业态，拉长游线，完善景区配套，发挥互补效应。

（二）推进万村景区化的成效显著

近年来，德清县积极响应浙江省委第十四次党代会提出的"推进万村景区化建设"目标任务，将万村景区化纳入德清县农业供给侧结构性改革集成示范试点工作，作为一项重要改革指标加以实施。德清县全力推进乡村旅游景区创建工作，深挖乡村特色资源，释放生态优势，把风景变成产业，把美丽转化成生产力，跑出美丽经济加速度。经过2017—2019年的三年建设，德清县充分利用已经较为成熟的A级旅游景区的质量和服务标准来系统提升村庄的吸引物建设、服务和设施水平。德清县专门出台了《德清县3A级乡村旅游景区创建实施办法》并落实相关工作。截至2019年年底，德清县共拥有A级以上景区村庄94个，其中4A级旅游景区镇1家，3A级旅

游景区村庄 24 家，2A 级旅游景区村庄 27 家，A 级旅游景区村庄 43 家。万村景区化是实施乡村振兴战略的重要举措，是德清县建设国际化山水田园城市、创建全域旅游示范县的重要抓手。通过村落景区化的建设，使得德清县 A 级景区的数量呈现较大的增长，更为关键的是通过创建，充分体会到 A 级旅游景区标准内置的以人为本、系统统筹的理念，从而提升整个服务业的水平和产品质量（图 2-1）。

图 2-1　德清县 A 级旅游景区村庄建设图

（三）做强民宿打造国家级度假区

德清将打响擦亮莫干山这块"金字招牌"，充分发挥这座历史名山的引领和辐射效应，并将其作为全域旅游建设的重要内容。德清已经走出了"农家乐—洋家乐—环莫干山国际休闲旅游度假区—国际化山水田园城市"的升级路径，较早提出打造"县域大景区"的全域旅游思路。

莫干山国际旅游度假区于 2016 年正式获批省级旅游度假区，2017 年 4 月，经德清县委县政府研究决定，正式设立莫干山国际旅游度假区管委会。7 月 12 日，莫干山国际旅游度假区正式成立。莫干山国际度假区以"国际化"为标准，积极引入高品质的旅游项目，加快旅游集散中心等工程建设，完善交通、商业等公共配套设施，推进机制创新，实现山上山下联动。2018 年 6 月，莫干山度假区正式启动国家级旅游度假区创建工作，提出打造国际化的旅游设施、打造多元化的旅游产品、打造生态化的旅游环境和打造品质化的旅游服务四大建设内容，全面推进莫干山国家级度假区建

莫干山居图民宿

设与申报工作。

　　首先，莫干山坚持"三化"推动民宿经济高质量发展。一是品质化管控。强化民宿风貌设计和管控，建立"一书两图"（申请书、原貌图、设计图）的联合审批机制，打造具有地方特色的景区式民宿集聚区，对品质不达标的民宿实施暂缓审批机制，并纳入记录库，确保民宿品质有保障。截至 2019 年年底，因品质不达标被暂缓审批民宿共计 123 家。二是多元化培育。注重符合市场需求的新业态引进，如以一竹一世界国际工作营为代表的文化创意产业、以 Discovery 极限探索基地为代表的户外运动产

业以及以义远有机农场为代表的精品观光农业。2019 年，新培育骑遇马术、森林酒吧等特色旅游项目 12 个，吸引游客超 60 万人次，有力促进了产业可持续发展。三是精准化服务。针对部分民宿管理水平较低、缺乏专业的酒店管理知识、服务不到位的情况，度假区在创新服务、市场监管等方面加强协调，并发挥行业协会作用，在文明接待、礼貌用语、服务标准、后勤保障、环保提升等方面加强业务培训，进一步提高当地民宿的整体服务水平。2019 年，莫干山已开展多轮民宿业主及员工培训，共完成培训 2400 多人次。其次，依托民宿的发展和人才集聚，莫干山形成了民宿新生态系统。这正是度假区加快推进国家级旅游度假区创建工作的一个最新成果。再次，对照标准，严要求、高规格优化设施和服务。旅游集散中心、旅游服务驿站、劳岭隧道等基础公共服务配套设施建设全部完成。最后，发挥"洋家乐"效应，打造裸心堡、郡安里等一批高端旅游项目。依托生态资源，打造了 Discovery 极限探索基地、久祺骑行营等高端户外运动基地。深挖民国风情、海派文化，建成集游览观光、文化展示、文创研发等于一体的庾村广场。国家级旅游度假区是继 5A 级旅游景区之后又一块体现我国旅游服务业水平的金字招牌，代表着中国旅游度假产品的最高等级。莫干山以国家级旅游度假区创建为抓手，为德清高质量赶超发展注入新活力（图 2-2）。

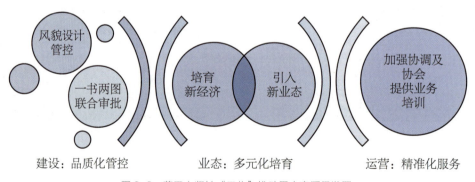

图 2-2　莫干山坚持"三化"推动民宿高质量发展

为了进一步落实民宿的"三化"管理，引导民宿的发展方向，德清县从 2015 年开始分别通过六批次评出 32 家精品民宿和 12 家优品民宿。这些精品民宿和优品民宿对整个民宿的品质提升、度假区的基本功能和产品保障起到了重要作用（表 2-2，表 2-3）。

表 2-2　莫干山精品民宿

入选时间	批次	精品民宿	入选时间	批次	精品民宿
2015.11	第一批	西坡	2018.2	第四批	十八迈
	第一批	清境原舍		第四批	拉费尔花园
	第一批	山中小筑		第四批	青垆
	第一批	后坞生活		第四批	蕨宿
	第一批	西部时光		第四批	云溪上
	第一批	隐·莫干		第四批	西璞金融家
2016.7	第二批	莫梵		第四批	玖舍
	第二批	枫华会所	2018.12	第五批	三秋美宿
	第二批	莫干山居图		第五批	陌上隐
2017.2	第三批	大乐之野		第五批	云顶堡
	第三批	天真乐元		第五批	宿里
	第三批	遥远的山		第五批	听涧
	第三批	游子山居		第五批	一叶山居
	第三批	溪上	2019.12	第六批	无二客栈
	第三批	隐西 39		第六批	莫干·山中
	第三批	陌野		第六批	觉海域

表 2-3　莫干山优品民宿

入选时间	批次	优品民宿
2019.12	第一批	鱼缸
	第一批	叠云
	第一批	云镜
	第一批	栖香山居
	第一批	花木深
	第一批	塔莎杜朵
	第一批	雅庐（尚坡）
	第一批	椿山集
	第一批	友赞山居
	第一批	明台
	第一批	兰宿
	第一批	岂遇

（四）构建民宿 + 村庄 + 小镇的体系

以"洋家乐"为品牌的乡村旅游是德清县旅游的亮点和金字招牌。为保持民宿品牌形象和品质内涵，县旅委持续开展规范提升，完成了《德清县民宿管理办法》修订工作，并参与国家民宿标准规范制定。截至 2019 年年底，共有 692 家民宿通过审批验收，并对通过县验收的民宿全部授予"德清民宿"专用认定识别牌。

在做好民宿的基础上，德清县充分发挥以点串线、以点带面的作用，实现旅游产品体系完善化和全域带动。一方面，莫干山山上山下联动，对绕镇公路、晓庚线、劳岭隧道等以前的一些老旧的道路交通设施进行了全面提升，形成环山浏览带。同时加大对规划控制型和缩小型村庄的开发力度，特别是二都、沿河、塘泾等村。依托上杨村、下杨村自然人文资源，发展乡村旅游，实现南北联动。另一方面，积极打造民宿 + 村庄 + 小镇 + 街区的综合产品体系。在已经推行的民宿、村庄体系基础上，德清县还积极打造了莫干山镇、新市镇、乾元镇、下渚湖街道等省级旅游风情小镇，劳岭村等创建省级慢生活休闲旅游示范村。德清县加快推进莫干山影视文创小镇、彼得兔乐园等项目的前期规划工作，深挖历史文化和特色乡土风情，进一步凸显"海派风情、裸心小镇"的主题定位，打造独具莫干山特色的旅游风情小镇。同时，创建工作向县域中、东部拓展，独具江南水乡特色的新市古镇和防风文化悠远历史的下渚湖街道也被纳入第二批省级旅游风情小镇创建单位。在此基础上，还积极扶持发展乾元镇余不弄特色文化街区、余英坊商业街区、仙潭美食坊特色街区等。街区内进行业态布局规划，例如民国风情街上引育了一批文创、运动类的全新业态和能进行演艺的市民广场，让居民和游客就近休闲享乐。

特色小镇：地理信息小镇

走进地理信息小镇，内部环境优美，产业大楼现代时尚，配套设备日趋完善，这里形成了强大的地信产业"磁场"。目前已有 100 家地信产业入驻。作为全省首批 37 个特色小镇之一，2015 年，地理信息小镇完成投资 15.85 亿元，投资排名第 8，考核为良好。地理信息小镇定位于生产、生活、生态三生融合的全息小镇、有机小镇与科普小镇。未来还将注重地理信息文化元素在小镇建设过程中的植入，打造以地理信息为核心，涵盖智慧餐饮、智能交通和智慧旅游为一体的智能小镇。

早在 2012 年，德清县结合县域实际，选准地理信息产业为突破口，"无中生有"地打造了地理信息小镇。如今，小镇获评省级特色小镇、国家 4A 级旅游景区；国际会议中心、国际展览中心拔地而起成为城市新地标；300 余家企业、万人双创团队落户于此，小镇产值和税收实现连续 5 年同比翻番。

三、全域配套，打造公共服务

（一）建立三级旅游集散中心体系

围绕全域旅游建设要求，德清县加快旅游集散中心建设，建立三级旅游集散体系。结合德清客运中心建设，建设服务全县的一级旅游集散中心；结合内外部道路网络，加快莫干山旅游集散中心、城西旅游集散中心、下渚湖旅游集散中心、新市古镇旅游集散中心等二级旅游集散中心的建设，实现重点旅游乡镇、景区集散中心全覆盖；在重点旅游村建立三级旅游集散、咨询点，打造城乡一体的旅游集散、咨询网络，为游客提供便捷的旅游咨询、投诉、票务预订等服务。并与杭州、上海等旅游集散中心相衔接，实现与长三角区域主要城市（上海、杭州、南京等）旅游集散中心的联网运行。

随着近年来莫干山旅游日渐兴旺，交通拥堵问题凸显，建设莫干山旅游集散中心成为加快山上山下联动步伐，完善旅游配套体系实质性的一步。因此，2015 年德清县开始在三莫线燎原村建设旅游集散中心，并于 2018 年 11 月 30 日正式启用。莫干山旅游集散（换乘）项目总用地约 50 亩，主体建筑面积 9870 平方米，室外设置停车位 500 个。该旅游集散中心的利用率非常高，2019 年莫干山旅游集散（换乘）中心首迎春节黄金周，大年初三单日游客量便突破 1 万人次。所有上莫干山的游客都在这里完成换乘，上山、下山统一安排公交车和穿梭巴士进行换乘，最大限度缓解交通拥堵和安全问题。

　　莫干山旅游集散（换乘）中心大楼内部设有票务窗口、文化走廊、纪念品商店等。莫干山旅游集散中心项目还有效整合票务、咨询投诉、餐饮购物、会议、旅游展示等多项功能。莫干山旅游集散（换乘）中心的建成运营有利于进一步保护莫干山生态环境，优化景区公共资源配置，有效缓解景区交通压力，提高景区品质和综合管理水平，提升游客观览体验，从而推动莫干山国际休闲旅游度假区建设，促进莫干山旅游的可持续发展。同时，集散中心也成为推介德清、展示德清的又一重要窗口，对德清县发展全域旅游具有重要作用。

莫干山旅游集散（换乘）中心内部

游客购票点

下渚湖旅游咨询服务中心

莫干山旅游集散中心检票口

莫干山旅游集散（换乘）中心内部会议室

莫干山旅游集散中心停车场

（二）完善配套通景公路全域覆盖

全域旅游建设上，德清县的交通配套做得卓有成效。从路网覆盖、景观改造和质量提升三方面分别有相应的建设路径，保障了旅游交通的顺畅和安全品质（图2-3）。

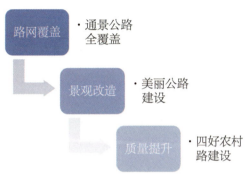

图2-3　德清县旅游交通配套

第一，德清实现了通景公路全域覆盖。

加强通往 3A 级以上景区、旅游度假区、特色小镇、旅游风情小镇、旅游重点村的主干道建设，完善旅游公共交通服务，打造绿道慢行系统、建设旅游集散咨询网络，积极打通主干道至景区、景区至景区之间"最后一千米"。此外，打造了环莫干山异国风情景观线、水乡古镇景观线等十大美丽乡村景观线。伴随着莫干山旅游集散中心、下渚湖景区游客中心等的建设完成，高铁站至主要景区的旅游巴士的开通，德清已经实现游运一体化。

第二，德清县全力推进美丽公路建设。

德清县作为浙江省首批美丽公路示范县，以"全域美丽、全域通达、全域提升、全域惠民"为目标，全力推进美丽公路建设，积极探索美丽公路标准体系。按照省委、省政府"百条美丽经济走廊创建挂图作战"总体部署要求，结合德清县具体情况，以美丽公路为纽带，将德清山水资源、旅游景区、国家公园、产业集聚区、特色小镇、历史文化名村、健康养生基地、农家乐、民宿经济等串珠成线，建设以"十景十线"建设为依托形成自然生态、畅通舒适的 36 条共计 296.1 千米的美丽经济交通走廊，其中包括 3 条美丽经济走廊精品线：生态富民走廊（104 国道德清段）、自然风景走廊（京杭运河德清段），历史人文走廊（X115下跨塘至仁和）。美丽经济交通走廊创建在体现硬件美的同时，要进一步强调管理人员的品质美。通过完善公路服务配套设施，推进公路信息化和智能化建设，以"内强素质、外树形象"为目标，优化窗口服务，锤炼公路队伍综合素质，培育一批"美丽公路人"，提升行业软实力。

德清县美丽公路建设与现代旅游业发展相结合，用细节的舒适度和美观感吸引更多游客。全县的美丽公路建设紧紧围绕全域美丽打造亮点，按照美丽公路建设要求，将公路建成融景观、环境和旅游开发为一体的样板公路，助推全县全域旅游发展。

最美公路

钱百线作为环莫干山异国风情景观线的一部分，被列入2019年提升改造项目，改造路段2.5千米，实际投资250万元。改造内容包括增加错车道、拓宽弯道处路面，以便往来车辆交会错车。通过上述改造方便沿线老百姓和游客的出行需求，促进旅游经济的发展，打通"绿水青山"到"金山银山"的畅途。

第三，高水平建设省级"四好农村路"示范县。

为全面贯彻落实习近平总书记关于"四好农村路"重要批示精神，高水平推进德清县"四好农村路"建设，助推乡村振兴战略，根据《浙江省人民政府关于高水平建设"四好农村路"的实施意见》（浙政发〔2018〕24 号），制订《德清县人民政府办公室关于印发德清县高水平建设"四好农村路"助推乡村振兴战略三年行动计划（2018—2020 年）》（德政办发〔2018〕120 号）。德清县聚焦乡村断头路、瓶颈路，突出低等级公路提升，重点解决"通"而不"畅"问题；聚焦山区农村路，突出通镇（街道）、通景区公路改扩建和安全设施完善，重点解决群众出行难问题。2018—2020 年，完成通自然村断头路建设；完成低等级公路提升改造及通镇（街道）、通景区公路改扩建；完成农村公路路面维修；完善生命安全防护工程；完成 5 座危桥及 2 条病隧改造；建设 10 个普通公路服务站；创建完成 5 个示范化镇（街道）。

2018 年成功创建省级"四好农村路"示范县以来，德清县主动拉高标杆，建设上力度不减、管养上更求实效、运营上更贴民心，全力创建国家级示范县。一是规划"上前"强建设。编制出台《德清县农村公路中长期发展规划（2018—2035）》；大力实施农村公路再造工程，3 年来累计建成约 350 千米，织密了农村路网；聚焦区域特色，全面建成防风湿地、鱼米蚕乡等美丽乡村"十线十景"，主、支线总长 325.5 千米。二是机制"护航"优管养。全面推行"路长制"，县领导带头巡路履职，协调解决农村公路建设管养"疑难杂症"；升级保洁模式 2.0 版，以各镇（街道）为责任和实施主体，网格化管理属地"一把扫帚扫到底"，综合执法、交通等部门实施联合督考，充分调动了基层力量参与；培树标杆，下渚湖街道成功创建全市首批"四好农村路"示范乡镇，典型带动作用增强。三是实效"为先"促运营。全面推进全域公交"三个全覆盖"，已实现城乡公交一票制和移动支付全覆盖；优化调整游运一体旅游公交停靠站点，串联起莫干山景区、庾村民国风情小镇、民宿集聚区，为外来游客提供便捷的"行路亦观景"体验；完善农村物流配送体系，已布设 34 个农村物流服务点，打通农村物资"走出去"和"引进来"的"最后一千米"。

第四，集约利用土地因地制宜建设立体停车场。

由于德清县建设用地指标有限，所以德清县在全域旅游发展中不断创新，部分区域建设立体停车场，从而实现了集约用地型的公共服务设施。德清火车西站广场北侧这两幢立体车库共四层，设置车位 80 个，建成后可大大减轻火车站周边停车难的问题。

立体停车场

（三）强化旅游大数据信息化建设

第一，启用全市首个旅游安全智慧管理系统平台。

随着新的互联网技术的发展，移动化、大数据、VR等不断刷新着新的生产方式，德清县正在探索"全域旅游＋互联网"的智慧旅游新方式。2017年德清县开发了德清县旅游安全智慧管理系统平台。该平台通过模块化建设、智慧化管理，提高了安全信息推送和发布、安全事故上报和提醒、双随机一公开等一系列业务的运行效率，使德清县旅游主管部门能实时掌握本区域内的旅游安全动态，旅游企业可实时接收旅游主管部门的信息、通知等有关文件和工作要求，及时了解和掌握对旅游行业管理和服务。为促进平台功能有效发挥，德清县不仅进行了相关的培训，还制定了智慧管理平台移动终端使用管理暂行办法，将平台使用纳入日常工作考核。

该平台的建立是全市首创，标志着德清县的旅游管理工作特别是安全监管工作上了一个台阶，旅游主管部门和旅游企业互通信息更及时、更高效，管理和服务更到位，为全域旅游示范县的创建特别是旅游安全提供了有力支撑。2018年，德清县在该平台已有的游客流量分析、旅游产品分布、游客数据分析、重要景区景点安全实时监测等功能基础上，又新增部分"天眼"，推动旅游日常监控、警情预警、应急处置与指挥调度智慧化。

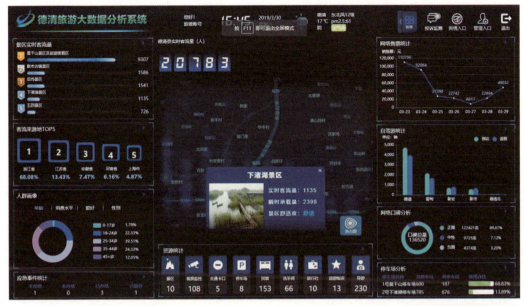

德清旅游大数据分析系统

德清旅游大数据中心接入交通卡口数据、自驾游分析相关功能

第二，出台智慧旅游发展规划。

为提升德清县旅游行业管理和服务的信息化水平，促进资源共享，近年来，德清县不断加大智慧旅游建设力度，2018年制订实施《德清县智慧旅游发展三年行动计划（2018—2020年）》。目前，德清县正加快完善县旅游大数据中心建设，建立健全

全域旅游数据库及旅游企业智慧管理系统，对全县旅游企业安全实行网上监管。此外，结合城市大脑工程建设，德清县还整合利用全县旅游产业运行大数据，实现对景区接待、旅客流量变化、游客消费、自驾游分析、旅游在线交易、旅游企业运营、网络舆情等旅游产业运营情况实时监测和分析，并逐步建立起数据共建、信息共用、成果共享的旅游产业运行监测服务体系。

第三，旅游智能小程序"e游德清"上线。

2018年11月16日，德清县首个旅游智能小程序"e游德清"正式上线。"e游德清"界面中有景区景点、民宿酒店、休闲娱乐、公交、特产购物、语音导览、游览线路、智慧停车场、天气等多项服务分类。该小程序涵盖了德清县旅游食、住、行、游、购、娱六大要素信息，并可以分享评论和实时推送信息。

"e游德清"界面　　　　精品旅游线路推荐

景区景点模块中不仅以中英文双语方式向游客介绍全县所有的景区景点以及重点旅游基地情况，还提供导航服务。此外，"e游德清"还向游客重点推介150家民宿，40家旅游饭店，40家独具德清特色的餐饮美食店以及休闲娱乐场所、旅游商品购物点等，同样有基本信息、位置和导航服务。不仅如此，小程序还能向游客提供周边停车场甚至卫生间的位置和导航服务。

第四，推进"融e购·洋家乐"旅游互联网电子商务。

工商银行德清支行依托"融e购"电子商务平台，联合创建"洋家乐"旅游商城，推进"融e购·洋家乐"旅游互联网电子商务建设步伐。同时，积极争取上级行政策扶持，对建设"旅游商城"涉及的系统软件开发、硬件配置、推广宣传进行必要投入。

（四）因地制宜深化综合执法体系

第一，布局"1+3"的旅游综合执法体系。

德清县紧紧围绕全域旅游发展战略，按照"属地管理、部门联动、行业自律、各司其职、齐抓共管"的原则，加快推进"1+3"，即"综合执法＋旅游警察＋旅游市场监管分局＋旅游巡回法庭"的旅游综合执法体系改革。德清县通过建立县公安局旅游警察大队、县市场监管局旅游分局、县人民法院旅游巡回审判庭，同时在国家 4A 级景区和省级旅游度假区设立旅游警务室、旅游消费维权联络站、旅游审判点，进一步加强了部门间的协调配合，联动抓好旅游综合执法，探索旅游市场秩序监管模式的改革（图 2-4）。

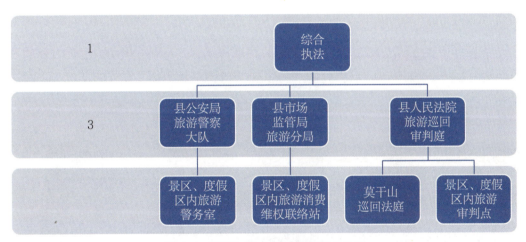

图 2-4　德清县"1+3"旅游综合执法体系

第二，综合执法体系与定期不定期检查联查相结合。

德清县以构建"1+3"文旅综合执法体系为抓手，推进旅游执法水平高效化、执法方式多元化、执法力量一体化建设，强化旅游与市场监管、公安、人民法院、交通等部门的工作联动，着力完善黄金周、节假日重大文化旅游节庆和旅游市场专项整治等活动期间的综合执法机制，同时加大定期与不定期开展旅游市场联合综合执法检查和专项执法联查的力度，包括日常检查和对问题较多企业进行重点抽查，维护旅游者和旅游经营者的合法权益，有效提高旅游行政调解的权威性和实效性。莫干山镇多次组织旅游局会同县食药监局、县消防大队进行农家乐消防安全和食品卫生进行常态化检查。莫干山镇、乾元镇、新安镇、阜溪街道、武康街道等都联合进行了食品安全大检查。一是"扣重点"。紧抓节日特色，对集散中心和集镇农贸市场、餐饮店、杂货店进行逐一排查，重点检查售卖的粽子、食用油、咸鸭蛋、绿豆糕等应节食品。二是"严打击"。结合每日巡查走访，重点打击食品假冒伪劣、"三无"食品以及使用劣质原料生产加工制作食品、经营腐败变质或超过保质期的食品等违法违规行为，发现一起查处一起。三是"强监管"。加强肉类制品经营户的监管，特别是农贸市场各鲜肉摊点，核查猪肉经营使用单位的肉品来源渠道：动物检疫合格证明、肉品品质检验合格证，确保辖区市场供应检疫合格的猪肉。四是"防风险"。借力乡镇网格化监管，构建纵向到底、横向到边的全覆盖监管格局，遍布各村、社区的网格员成为市场网格化监管"千里眼"和"顺风耳"，有效弥补基层站所监管人员不足的难题，高效排查风险，快速反应，消除隐患。

这些深入实地的旅游巡回法庭和审判点自成立以来，调解纠纷 400 余件，撤诉率达 90% 以上。此外，德清县还注重"一站式"诉讼服务流程、互联网法庭、远程调解等工作，推进人性化的服务举措，力争将旅游法庭打造成全省样板。

莫干山旅游巡回法庭

此外，不断加强旅游执法和全域旅游的宣传。德清县人民法院"法韵莫干"法治教育基地项目主要建设内容包括全域旅游概念馆、法治宣传馆、司法体验中心三大板块的基础装修及展品展项布置，用各种形式进行旅游相关法律常识的普及与宣传。

（五）高标准推进厕所革命的创新

第一，高标准认识和推进全域厕所革命。

德清县很早就认识到厕所的重要性。因为 20 世纪 80 年代的时候德清接待外国游客去莫干山，在武康人民医院对面设立一个莫干山中转站的真正功能就是设立一个比较高级的公厕。一直以来德清县厕所成为旅游发展和对外窗口的一个短板。所以，德清县将厕所革命当作历史上最重要的一次社会变革的高度认识，高标准全力推进厕所革命。2015 年年底，县城管执法局开始对武康城区 33 座公厕实施改造提升。2016 年，由中国城市环境卫生协会开展的 2016 年光大杯系列"最美公厕"评选活动在全国范围内引起广泛重视，共收到 700 余座公厕评选材料。经中环协评委会和评选办公室认真评定，具有干净整洁的环境与人性化的设计的英溪公园公厕被评为"最美公厕综合奖"。

德清县英溪公园厕所被评为全国"最美公厕综合奖"

英溪公园公厕在2018年进行了改造，暖黄色的墙面上画有孟郊及游子吟的墙画。在公园一片绿意盎然中，呈现出了德清的文化底蕴。不仅注重景观设计，外立面和环境更加相得益彰，而且硬件设施及维护的显著提升。英溪公园公厕除了男厕、女厕，还有第三卫生间专为老幼孕残提供服务。第三卫生间里面婴儿护理台、儿童洗手盆、成人洗手盆、儿童坐便位、儿童小便池、成人坐便位等一应俱全。成人洗手盆边还装了安全扶手，成人坐便位旁装有呼叫器，满足特殊人群的需要。此外，男女卫生间内添加了智能元素，增设LED显示屏及感应器，具体显示内部有人无人状态和设施工作状态，便于使用。厕所配有"所长"，每天进行精心打理与维护。为了了解市民游客的评价，英溪公园厕所专门设置了留言本。希望通过大家的意见和建议，进一步提升保洁水平。对"厕所革命"，市民游客更多的是点赞，留言本上写满了好评："本公共卫生间不管白天还是晚上都很干净，非常好！""保洁阿姨很认真。"

2017年德清县实施"美丽公厕"行动，厕所硬件升级的同时，管理也在不断提升。实行"三化"管理。着力打造"三化"（管理标准化、管理规范化、管理智能化）公厕。在标识、色彩、文化、内部管理上达到"四统一"标准。保洁质量达到"七无"（地面干净无积水、无粪迹、无痰迹、无鞋印，四壁六角无飞灰、无蛛网，公厕内外无涂写、张贴、刻画）标准。实行"一人一厕"管理，建立一厕一档，做到"监督有痕、管理有迹"。同时，加快德清"智慧环卫"平台建设，努力实现智慧型公厕

三化	四统一	保洁质量七无	管理四个一
·管理标准化 ·管理规范化 ·管理智能化	·标识统一 ·色彩统一 ·文化统一 ·内部管理统一	·地面干净无积水、无粪迹、无痰迹、无鞋印 ·四壁六角无飞灰、无蛛网 ·公厕内外无涂写、张贴、刻画	·一人一厕 ·一厕一档

图2-5　德清县厕所革命管理要求

转型，打造宾馆式服务，增加无障碍和智能化设施，在公厕隔断上部安装 LED 显示屏及感应器，显示内部有人 / 无人状态或设施工作状态，便于市民辨别使用。目前城区公厕专人清扫保洁覆盖率达 100%。德清县目前达成 100% 剿灭农村露天旱厕，实现 80 个单位内厕全面开放（图 2-5）。

第二，全力推进旅游厕所革命。

自 2015 年启动旅游厕所革命工作以来，德清县全面深入排摸全县旅游景区、通景公路沿线、乡村旅游点、交通集散点、旅游餐饮住宿等地的旅游厕所建设基本情况，制订旅游厕所革命推进工作方案和建设管理工作进度计划，并对每年新建、改建的旅游示范厕所进行表彰申报。2015—2019 年累计完成新建旅游厕所 88 座，改建旅游厕所 144 座，完成 332 座主要涉旅场所的厕所设施接待水平提升工作。其中，2015 年，完成新建厕所 10 座，改建厕所 16 座，成功创建旅游示范厕所 5 座。2016 年，完成新建厕所 23 座，改建厕所 40 座，成功创建五四村旅游厕所为"3A 级旅游厕所"，10 座旅游厕所被评为旅游示范厕所。2017 年，完成新建厕所 19 座，改建厕所 48 座，建设第三卫生间 10 座、3A 级旅游厕所 10 座。2018 年完成新建厕所 20 座，改建 16 座，建设第三卫生间 10 座，旅游示范厕所 18 座，实现 3A 级景区村庄旅游标准厕所全覆盖。2019 年完成新建厕所 16 座，改建 24 座，建设第三卫生间 10 座，3A 级旅游厕所 10 座。2020 年，德清县持续深化厕所革命工作，一方面保证设施的齐备与使用便利，无障碍设施、通道齐全，另一方面也设立了相应的厕所指示牌。

第三，将旅游标准化厕所建设工作纳入为民办实事项目。

德清县将加快推进厕所革命作为争创全域旅游示范县的一项举措，着力从细节处增强旅游公共服务功能、提升旅游品质。德清县专门出台了加快推进第三卫生间（家庭卫生间）建设实施方案，对建成第三卫生间的旅游厕所予以 10 万元资金补助，2018 年建成第三卫生间 10 座，2019 年新增第三卫生间 15 座。将旅游标准化厕所建设与省 3A 级景区村庄创建工作、传统景区品质提升工作相结合，予以资金奖励补助。

（六）重视建设旅游市场信用体系

加强社会信用体系建设是规范市场秩序、改善市场环境的一个重要举措，也是全

域旅游公共服务的重要组成部分。近年来，德清县大力推进旅游市场信用体系建设，特别是加快构建以信用监管为核心的新型监管机制，为规范旅游市场秩序、推动行业高质量发展、激发消费潜力，提供了一个有力的支撑。

第一，加大诚信宣传，持续重视游客满意度。

从 2013 年开始，德清县就实施以"诚信，让游客更满意"为主线的活动，动员全县旅游行业诚信服务。通过报刊、电视、网络、手机等多种载体广泛开展旅游诚信公益宣传，营造诚信旅游大氛围。动员旅游（星级）饭店、旅行社和旅游景区在"德清新闻"上做出公开诚信服务承诺，接受社会各界的监督。并在历年"5·19 中国旅游日"广场宣传，普及旅游知识，引导公众诚信旅游、品质旅游和理性消费，展示德清旅游新形象。

第二，德清县进行了旅游市场信用制度顶层设计。

2016 年起，德清县陆续出台了《旅游行业诚信经营"红黑榜"及失信信息共享制度（试行）》（德旅发〔2016〕31 号）、《旅游经营服务不良信息管理暂行办法（试行）》（德旅发〔2016〕32 号）、《游客不文明行为记录管理暂行办法（试行）》（德旅发〔2016〕33 号）文件。通过这些顶层设计，建立了旅游市场信用制度的基本框架和实施路径。

德清县《旅游行业诚信经营"红黑榜"及失信信息共享制度（试行）》

德清县《旅游经营服务不良信息管理暂行办法（试行）》

德清县《游客不文明行为记录管理暂行办法（试行）》

第三，充分发挥"红黑榜"的引导作用。

为加强个体工商户、私营企业的文明建设和信用体系建设，表彰先进、树立典型，充分发挥诚信个体工商户、诚信民营企业的示范和引领作用，2019 年 1 月，莫

干山市场监督所联合协会共同上门为辖区内西部时光山居颁发"2018年度诚信个体工商户"荣誉牌匾，为隐墨居酒店管理有限公司颁发"2018年度诚信民营企业"荣誉牌匾。同样，2020年新型冠状病毒肺炎疫情期间，德清县也给三星级以上诚信旅行社资金补助的倾斜。

（七）鼓励旅游志愿服务体系建设

德清县志愿者从最早的敬老、助学、捐衣等传统项目拓展为生态保护、心理咨询、急诊陪护等公益事业。十余年间，志愿活动不计其数，志愿者团队也从一个小团体发展到具有一定规模、运作模式成熟的大集体。目前已拥有服务团队12支，热心志愿者3000多人。

德清县出台《开展旅游系统创建文明城市志愿服务活动实施方案》，引导旅游活动常态化。此外，在莫干山旅游集散（换乘）中心、新市镇、下渚湖等地区有多处有志愿者服务站。

德清县志愿者服务站

德清县志愿者服务站

《开展旅游系统创建文明城市志愿服务活动实施方案》

小红帽成最美风景区

2011年7月，刚加入德清志愿者团队不久的于丰丰设计了志愿者服务西部山区旅游业项目，并组建了旅游指引服务团队。从那以后，每逢五一、十一等国定假日以及

7、8月的每个周末，戴小红帽、穿红马甲的志愿者纷纷到莫干山风景区参与爱心导乘活动，安全引导、交通疏导等，减少外地游客因不熟悉环境造成的麻烦。目前该项目团队已有队员160多人，累计服务时间超过3000小时。

位于莫干山镇庚村的青年志愿者综合服务站内，轮值的志愿者细心地为游客指点乡村游线路。据介绍，该志愿服务阵地集困难帮扶、旅游咨询、紧急救援等多个功能于一身，服务已辐射整个莫干山地区，通过外国人志愿服务队、外语翻译官志愿服务队、"游指引"志愿服务队等8支志愿服务队，开展各类志愿服务活动103场，服务旅客3800余人次。

四、融合发展，推动业态创新

德清县全力推动全域旅游的发展，全面融合新业态，实现"行行+旅游"。按照"一产围绕旅游做精，二产围绕旅游转型，三产围绕旅游强功能，综合产业围绕旅游调结构"的思路，做好旅游+农业、旅游+工业、旅游+智慧、旅游+健康、旅游+文化等文章，促进旅游业与其他产业融合发展。德清县尤其在旅游+休闲度假、

图2-6 莫干山民宿成功的5个要素

旅游＋教育、旅游＋工业、旅游＋农业、旅游＋文化、旅游＋健康和旅游＋智慧方面融合发展形成了自己的特色，成为德清模式的重要组成部分（图2-6）。

（一）旅游＋休闲度假形成新生活态

民宿是德清县旅游业的主要业态，也是德清县知名度最高的核心旅游产品。截至2019年，共有经营民宿750余家，床位近11300张，餐位近25000席，其中包括精品民宿150家、县级精品民宿32家、省级白金宿1家、省级金宿1家、省级银宿6家。2019年全县乡村旅游接待游客885.2万人次，同比增长15.4%，实现直接营业收入37.5亿元，同比增长29.3%，以"洋家乐"为代表的150家高品质民宿接待游客89.1万人次，同比增加36.7%，实现直接营业收入9.5亿元，同比增加28.4%。莫干山的民宿之所以声名鹊起，和区位、历史、资源、设计、政策五方面的因素密不可分。尤其是因为莫干山作为休闲度假地有100多年的历史，始终走一条国际化道路，再加之现代改造过程中设计师的介入，在建筑设计和景观设计上精致化和细节化，使得民宿不仅作为住宿设施，也是一个旅游产品，更为重要的是成为一种生活形态的营造和引领。

莫干山民宿的空间阶段从早期的点状分布，发展到2011年后"后坞—仙潭—劳岭"三足鼎立的局面，再到2014年左右，已经形成后坞村为一级核心，仙潭、劳岭、兰树坑为二级核心的四处小规模民宿集聚区，直到现在已经形成以"后坞—仙潭—燎原—劳岭—兰树坑"村域为集核的环莫干山面状核心集聚区，并在镇域周围形成了多处点状集聚的民宿区集核。根据投资、占据地势、土地利用、经营主体的差异，可以分为高端民宿、中端民宿和低端民宿。莫干山镇的民宿空间分布特点是以莫干山风景名胜区为核心向四周扩散，并以各自然村和行政村为基础，自然分布在主要交通干道附近，对交通的通达性和自然环境的依赖性较高。其中，各类型民宿的分布特点同样是以莫干山风景名胜区为核心，莫干山风景名胜区内的民宿以高端消费型"洋家乐"为主，越靠近莫干山风景名胜区的民宿聚集点内分布的高端消费型"洋家乐"越多，越远离莫干山风景名胜区的民宿聚集点内分布的低端消费型农家乐越多（表2-4、表2-5）。

表 2-4　莫干山不同等级民宿的特点

	高端民宿	中端民宿	低端民宿
海拔高度	100～200 米和 300 米以上的海拔范围集聚	0～300 米海拔范围内坡度越缓越易集聚	0～300 米海拔范围内坡度越缓越易集聚
水平距离	靠近莫干山风景胜区及外部边缘村	分布较为平均	距离莫干山风景名胜区越远
选址倾向	逃离大众区域、需求原始生态环境、倾向自然舒适物私有化	考虑旅游资源和风景景观和场所空间问题以及社区规模、环境适宜度以及企业经营环境以保证投资回报率	农户选择利用自家房屋副业经营，考虑为旅游活动配套
凭借资源	丰富的空间资源、强大的资本网络、先进的管理设计团队、全球化的文化基因以及业主雄厚的社会资本和隐性权利	新兴中产阶级二次投资创业的"商业型民宿"	自家空闲房间和家庭副业
使用土地方式	租地新建为主	租房改造为主，且有限的改造资金主要投入在民宿建筑外观与内部设施	自家空闲房间
活动内容	民宿内的高端山地车越野、马术运动、壁炉咖啡、庄园酒窖、农场活动等	民宿外的莫干山徒步、山地野营、季节性采摘等	住宿和餐饮

　　德清县也以莫干山民宿为核心，推进旅游＋休闲度假，形成旅游休闲一体化。2019 年我国人均 GDP 首次突破 1 万美元，尤其是长三角区域的旅游需求进入爆发式增长阶段。2010 年起，以裸心、法国山居、西坡、原舍、大乐之野等为代表的"洋家乐"精品民宿通过不断挖掘空间资源，拓展经营范围，创新产品服务成为莫干山地区新的旅游吸引物。民宿不再只是依托莫干山景区发展的旅游配套部门和旅游产业链的食宿链环。民宿通过提供旅游者的食、住、行、游、购、娱全面的组织服务，逐渐脱离了莫干山核心景区，发展出一种以民宿的生活方式体验为核心吸引物的莫干山休闲度假旅游。从裸心谷倡导保护自然生态和古建、挖掘地方文化、创新与高端服务，新的民宿或是在设计、装饰、企划、服务等方面直接模仿，或是到区外找团队从模式程序上进行深层次的模仿学习与创新探索。实际上，都是一种度假休闲生活方式的倡导与形成，也是莫干山民宿发展的特色之处。

表 2-5　德清县不同等级民宿的情况

等级	具体民宿
高端消费型	裸心谷、法国山居、悠然九希、莫梵、山的那边、莫干山老地方、天然谷、莫干·三里香山庄、西坡 29、红房子山庄、森喜、偶遇森活、康家寨、熠灵山居、大乐之野、蕨宿、碧坞原乡、清妍居、柒竹、山中小筑、乐溪竹坞、简居、墨田、莫干兰花小院、悠野、郡安里·君澜、法国山居、翠域·木竹坞、云溪上、陌野乡墅、双桥山居度假旅舍、十八迈、青垆酒店、岚舍、翠域·溪地 99 度假别墅、清研、栖食号、西田山雨、游子山居、尚坡·莫干山、清境原舍、莫干山居图、无界·莫干、栖居、角落时光、惠兰清苑、朴宿喜度、田园曼居、听风竹洋家乐、遥远的山、西部时光山居、后坞生活、山里猫头、西氧山居、村暖·隐莫干、觅幽兰酒店、柏逸塔岭度假酒店、白云饭店、吟风阁、160 号别墅、161 号别墅、162 号别墅、莫庭度假酒店、吴越度假村、无忧主题山庄、鸟巢度假酒店、诺贝威山庄、白色香墅、西风口、皇后饭店、莫干山庄、长青山庄、慕色、芦花荡饭店、鑫龙山庄、剑池山庄、颐园、剑芦山庄、莫元居、剑瀑山庄、剑泉山庄、浙旅·名庭酒店、松粮山庄、天籁之梦、西坞里 73 号、隐居莫干、游子吟客栈、有客住家、悦儿小筑山居、栖山山居、隐花坞、叙旧客栈、莫莫民宿
中端消费型	裸生活客栈、鸭蛋坞山庄、枫华会所、森山居、翠野林居、上官居、快乐老家、漫山居、漫时光乡村旅店、自然居、莫走、石廊花溪、溪山原宿、静雅客栈、木·house、青罗小舍、守望民宿、竹里息山居、养心谷、山味树屋、竹缘山庄、林海别墅、靠山人家、竹品居、溪隐山庄、莫野客栈、坤鑫客栈、塘漫居、林溪别院、心晴花园民宿

莫干山在已有民宿推进的度假休闲的生活方式的基础上，进一步将这种生活方式的影响不断扩大。度假生活是一种相互影响的生活方式，当地生活方式会影响游客，游客的价值取向也会影响当地群众。高品质度假产品的推出，吸引了高素质游客的光临，高素质游客的行为模式也正在悄悄改变村民的生活方式。如今，村民更加注重生态环境的保护，更加注重房前屋后堆放整齐，更加注重与人为善维护度假区的整体声誉，更加懂得和谐文明的乡风会带来更多的机遇与财富。在此基础上，德清县政府也通过政策引导、投资与管理规范以及基础设施建设，继续推进休闲度假的生活方式营销，打造了整个慢行系统的建设以及绿道运动空间。同时在主要景区、重点旅游村镇提供自行车及摩托车租赁服务，结合通航机场、微公交等设施的建设，为游客提供多元化的目的地旅游交通方式（图 2-7）。

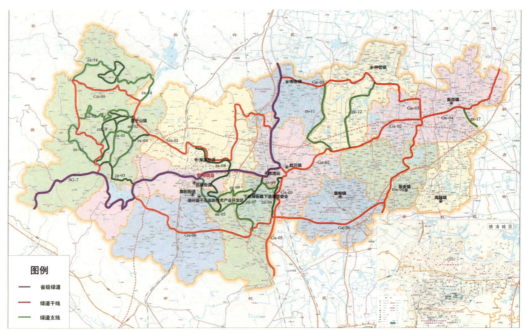

图 2-7　德清县"十三五"时期绿道布局

燎原村提供租车及头盔服务

（二）旅游＋教育推动研学旅游发展

第一，多部门重视研学旅游，进行了顶层设计。

2019 年 5 月 5 日，德清县教育局、德清县文化与广电旅游体育局、德清县发展与改革局、德清县公安局、德清县财政局、德清县交通运输局、德清县市场监督管理局和共青团德清县委员会八部门联合发布了《关于中小学学生研学旅行的实施意见》，探索建立一套管理规范、责任清晰、多元筹资、保障安全的研学旅行工作常态长效机制。德清县准备用 5 年左右时间，申报争创中小学研学实践教育国家级基地 1 个、省级营地 1 个、省级基地 2 个，市级营地 2 个、市级基地 8 个。制定县级营地、基地标准，并陆续遴选公布一批县级的营地和基地。未来将形成以生态文化为中心，以特色小镇、文化传承、科技创新、红色旅游、美丽乡村为立足点的"五位一体"研学旅行格局。从而将德清打造成为省级研学旅行实践教育优秀试点县。

第二，推动研学旅游集聚化。

依托"美丽城镇"和"美丽乡村"建设成效，对全县旅游资源摸底分析和重组，根据景区特色串点成线，打造科技之旅、文化之旅等 4 条研学线路。利用县革命烈士纪念碑、龙山新四军烈士纪念碑等红色资源，开展"红色之旅"主题研学活动；利用莫干山、下渚湖等自然资源等开展"生态之旅"主题研学活动；利用莫干民国小镇、新市古镇、县博物馆等开展"文化之旅"研学活动；利用地信小镇、欧诗漫珍珠小镇、浙江工业大学德清校区等开展"创新之旅"研学活动。通过研学旅游线路带动片状旅游资源协同发展。比如钟管镇在红、绿、蓝、橙四条旅游线路基础上，整合各方资源，推出"文化＋红色＋生态＋活力"研学路线。这些融合乡村农耕文化及红色记忆的旅游线路，成为当地及周边地区孩子们研学之旅的好选择。其中在红色旅游线路开通后，沈家墩村凭借着"重走长征路"游学活动，吸引了来自上海、江苏以及当地亲子团的 1000 多名游客，仅 2019 年暑假两个月，项目总营收就超过了 200 万元。再如位于干山集镇的红色记忆馆成为本县及周边市、县、区开展研学活动的定点红色基地。红色记忆馆旁的人民公社大食堂顾客不断。通过研学旅游的开发，不但传承了红色记忆，也带动了周边经济。

干山集镇的人民公社

干山集镇的人民公社

第三，推动研学旅游品牌化。

挖掘特色旅游吸引物，打造宜学宜游、具有地方特色的精品研学旅游新业态。比如乾元镇与上青旅集团合作打造的上海 U 活青少年活动德清（乾元）基地成为全县首家国家级研学基地，目前已开发"古城探幽""孔子课堂""国学夏令营"等中小学研学课程，接待沪杭高校师生研学团队 300 余批次 5000 余人。

第四，推动研学旅游产业化。

推动研学资源进乡村、进农庄，实现旅游产品与农产品抱团营销，构建文、旅、体、研融合发展的现代农业新经济体系，打造研学旅游产业链。比如钟管镇清溪鳖业农业之旅基地利用各种稻田字画吸引学生，将清溪大鲵、清溪甲鱼蛋等农产品打造成特色研学商品。2019 年以来，已实现经济收入 300 余万元。

（三）旅游 + 农业带动乡村发展振兴

依托良好的自然条件和区位条件，德清一直重视旅游 + 农业的发展。2013 年就凭借其独特的发展特色，成为浙江省休闲农业与乡村旅游示范县。长期以来，德清县认真贯彻"绿水青山就是金山银山"的科学论断和"大众创业、万众创新"的国家发展战略，以"两美"德清建设为目标，以有效促进农民创业增收和充分满足居民休闲旅游消费为核心，以"农旅结合、以农促旅、以旅强农"为方针，坚持"政府引导、市场运作、注重特色、规范管理"的原则，完善基础设施，融入旅游元素，提高人员素质，加快品牌培育，强化公共服务，建设融现代农业、生态景观、乡土风情、休闲度假、文化娱乐、科普教育、农事体验和产品创意于一体的新型产业体系，推动全县休闲农业与乡村旅游向特色化、市场化、产业化、规模化、规范化、品牌化方向发展，努力把德清建设成为布局合理、功能配套、设施一流、特色鲜明、以农为本的休闲农业与乡村旅游创新发展示范县。2015 年，德清县出台《关于加快发展休闲农业与乡村旅游的实施意见》，进一步提出从 2015 年开始到 2017 年，德清县组织实施休闲农业与乡村旅游发展八项行动。

德清县人民政府文件

德政发〔2015〕23号

德清县人民政府办公室关于
加快发展休闲农业与乡村旅游的实施意见

为进一步加快全县休闲农业与乡村旅游发展，推进农业功能拓展和农村产业结构调整，彰显农业农村发展特色，完善休闲农业与乡村旅游产业体系，促进农业增效、农民增收，助推"两美"德清建设，特制定以下实施意见。

一、总体要求

认真贯彻"绿水青山就是金山银山"的科学论断和"大众创业、万众创新"的国家发展战略，以"两美"德清建设为目标，以有效促进农民创业增收和充分满足居民休闲旅游消费为核心，以"农旅结合、以农促旅、以旅强农"为方针，坚持"政府引导、市场运作、注重特色、规范管理"的原则，完善基础设施，融入旅游元素，提高人员素质，加快品牌培育，强化公共服务，建设融现代农业、生态景观、乡土风情、休度度假、文化娱乐、科普教育、农事体验和产品创意于一体的新型产业体系，推动全县休闲农业与乡村旅游向特色化、市场化、产业化、规模化、规范化、品牌化方向发展，努力把德清建设成为布局合理、功能配套、设施一流、特色鲜明、以农为本的休闲农业与乡村旅游创新发展示范县。

二、工作目标

从今年起，通过三年努力，力争建成一批集乡村高端民宿、农业园区观光、农业遗产展示、创意农作示范、乡土美食品鉴、农

关于加快发展休闲农业与乡村旅游的实施意见

美丽田园创建行动	·形成一批田园新景 ·打造景观农业、创意农业等美丽田园品牌
休闲农业与乡村旅游示范创建行动	·争创省级休闲农业与乡村旅游示范乡镇和旅游风情小镇 ·提升美丽乡村建设水平，创建各类休闲农业示范园区
现代农业综合体建设行动	·建设多功能的现代农业综合体 ·形成东中西部综合发展
精品民宿发展提升行动	·出台乡村民宿标准，规范引导发展 ·成立民宿经济行业协会，加快建设旅游配套项目
精品线路打造行动	·建设4条精品乡村旅游线路 ·加强宣传推广
农文旅融合节庆推进行动	·创新节事活动，一镇一节，一村一品 ·深化"节庆活动+新闻媒体+市场营销"的立体化策略
乡村旅游商品开发行动	·加强旅游商品研发 ·促进乡村旅游商品生产、加工、销售一体化发展
基础设施配套完善行动	·有效整合农业、林业、水利、旅游、新农村、交通等项目资金 ·重点解决交通线路连接和交通标识系统建设

图2-8 德清县休闲农业与乡村旅游发展八项行动

伴随着全域旅游的逐步升级和乡村旅游的强劲势头，德清大力发展旅游＋农业的乡村旅游与休闲农业，已经建成多个示范基地，包括省级中医药养生旅游示范基地 1 家（陆有仁中草药）、省级休闲渔业示范基地 2 家（清溪花鳖、童家渔寨）、省级果蔬采摘基地 4 家（杨墩休闲农庄、新田农庄、义远生态农庄、大禹生态农庄）。此外，还有东衡产村融合田园综合体等 5 个田园综合体、50 余家家庭农场以及义远有机农场、亿丰花卉、莫干溪谷、阳光生态园等品牌休闲农业。同时也形成了西部、中部和东部不同的特色与功能分区。西部山区以莫干山省级现代农业（林业）综合区提升建设为核心，以环莫干山异国风情休闲观光线为主线，以花卉苗木、竹笋和茶蔬果精品园为基地，以"洋家乐"为亮点，建成现代农业与乡村旅游示范区。中部平原以湘溪现代农业综合区"浙北精品中药谷"为核心，以牧歌铁皮石斛精品园、国家级乌鳖良种场、布布熊生态农业园等为主体，建成休闲农业与健康养生示范区。东部水乡以新港省级现代农业综合区为中心，新市梦里水乡等项目为重点，建成农业生态循环与休闲观光示范区。通过现代农业综合体建设，发挥乡村旅游集聚效应，推动乡村休闲产业快速发展。

2019 年 9 月 22 日下午，首届美丽中国田园博览会会址揭幕仪式举行，德清正式确定为田博会永久会址。此后每年田博会，德清县都将与全国各地联合互动，全面展现中国最美山水田园的独特魅力。田园博览会以"1+6+66"为主要体系，即一个主会场，串联 6 个分会场（二都小镇、郡安里、珍珠小镇、莫干溪谷、新市古镇、地信小镇），辐射全县 66 个精品园区。不大兴土木、不铺张浪费、不花哨虚浮、不突破红线，致力于利用原有景区、景点、亮点做必要创意、改造、提升，沿点、线、面形成全域闭环围合之势，从而形成我国首个以县域全域为范围举办的田博会和田博园，全方位展示德清乡村景致。

为使乡村旅游成为推动乡村振兴的新助力、新引擎，树立"德清·美丽乡村"品牌，德清县整合全县旅游资源，串点成线、连线成片，推出 3 条精品旅游线路。

西部风情民宿度假乡村线：庾村—劳岭村—鸭蛋坞村—何村—五四村—仙潭村—后坞村。

线路特色：游莫干乡村，体验民国风情，探山林之幽，访仙人古寺，赏美丽花海茶园树林，体验花艺、瓷源文创，品味人情风味。亲户外、走古道、抱古树、乐骑行、享极限，品茗郁郁茶香，触摸森森竹影，夜宿精品民宿。

景点景观节点：庾村美丽乡村 VR 馆、民国图书馆、交通历史馆、手工创意馆、黄郛农村改良馆、何村骑行营地与玉兰花道、劳岭观景平台与茶园、劳岭水库公园、瓷之源体验馆、德清生态文化馆、亿丰花卉园、山浩户外运动基地。

适合群体：自驾游群体、家庭亲子、户外活动爱好群体、文化体验群体。

庾村

中部防风湿地生态田园线： 下渚湖景区—二都小镇—沿河村—蠡山村（蠡山景区）—干山村（干山人民公社）。

线路特色：畅游下渚湖湿地、赞叹朱鹮鸟神奇；纵览防风古国文化、领略二都小镇新象；漫步浪漫蠡山、体验古桥公园、穿越春秋田园，追寻红色岁月、感知澈山记忆、展望中国实践新梦。

景观节点：下渚湖湿地公园、熊猫园、二都小镇、沿河村中央景观公园、沿河村观鸟公园、沿河村民宿、蠡山祠、蠡山田园花海、蠡山古桥、干山人民公社、干山集镇。

适合群体：自驾游群体、家庭亲子与学生群体、观光与文化体验群体。

蠡山村

东部蚕乡古镇休闲农业线：新市古镇—三林村。

线路特色：体验古镇人文风情、回忆运河商贸繁华、品味当地传统风味，看万鸟归巢、习传统技艺、采水果蔬菜、种奇异花朵、赏湿地景色。

景观节点：新市古镇、三林万鸟园、香樟林、水乡手艺传习馆、大禹生态农业园、样样红花卉世界。

适合群体：家庭亲子游乐群、文化体验群体、自驾游群体、公司学校团队群体。

新市古镇

（四）旅游＋工业尽显产业融合成果

第一，高度重视旅游与工业的融合发展。

工业旅游是德清县实现全域旅游发展，深入推进德清县旅游产业融合发展的重要抓手。近年来，依托丰富的装备制造、生物医药、绿色家居、钢琴产业、通航智造、化妆品、服装围巾、食品加工等产业资源，德清县积极引导工业企业引入旅游元素、加快旅游业态布局、创新旅游资源开发模式，探索旅游业与工业之间融合发展的新渠道，打造集参观游览、科普教育、招商引资、研学体验等为主题的工业旅游园区，不断丰富旅游业态，推进产业融合。

第二，加快工业旅游示范基地建设。

2019年，乐韵钢琴获评浙江省工业旅游示范基地。至此，德清县已拥有安泰时装、欧诗漫珍珠产业园、美丽健乳业、乐韵钢琴4家省级工业旅游示范基地。浙江美丽健乳业集团是杭嘉湖地区著名的"草、畜、乳"一体化、"产、供、销"一条龙的综合性乳业公司。该公司厂区可视化生产线和园区的参与性牧场同步发展，实现了从"厂区＋园区"向旅游产业的成功转型，是德清县"旅游＋"产业融合发展的新成果。2016年，欧诗漫珍珠生物产业园按照4A级工业景点要求和智慧工业园区标准开展建设。2018年，充满了珍珠文化气息的欧诗漫珍珠小镇正式对外开放以来，受到社会各界的广泛关注。目前，小镇的核心景点就是6200平方米的欧诗漫珍珠博物院。欧诗漫珍珠博物院作为欧诗漫珍珠生物产业园的核心组成部分，是全国首家以展示、宣传欧诗漫珍珠文化，推广中国德清珍珠为核心，集展览与研究、宣传与娱乐、公共教育与文化交流为一体的世界最大珍珠博物院。博物院分为序厅、起源馆、历史馆、文化馆、科普馆、企业馆六大核心展馆，有珠宝首饰、珍珠系列护肤品、珍珠文创产品等以满足顾客不同需求，同时不定期开展刨蚌取珠、串珍珠、贝壳作画等文娱活动，以提升游客体验感。2018年，德清欧诗漫珍珠博物院被认定为浙江省四星级旅游购物场所，实现了德清县星级旅游购物场所的零突破。欧诗漫珍珠小镇集珍珠养殖、文化体验、工业观光、美容养生、互动娱乐于一体，这对提升企业品牌力、促进企业转型升级以及一二三产业融合具有长远的战略意义。

欧诗漫珍珠小镇

欧诗漫珍珠博物院

第三，工业旅游尽显文化魅力。

德清县充分重视工业旅游发展中以工业生产过程、企业文化等相关因素作为游客的体验活动。一方面满足游客对于工业生产的好奇心，另一方面起到宣传企业产品的作用，企业还能把产品作为旅游纪念品销售，可谓一举多得。例如，德清通航园区引进了8家研发机构、9家运营企业进驻，针对通用航空"低、小、慢"的特殊性质，走出一条"工业＋旅游"的低空空域开发道路。在产业前端的研发制造领域，产业园

区与浙大等科研院所合作，依托德清东部地区已有的工业基础，形成了从核心部件生产到整机装配下线的产业体系。在产业园区，中航通飞实现 AG100 教练机的整机量产，并覆盖了设计、研发、制造、营销全产业链，在未来中航通飞德清基地全面建成后，将形成年产 100 架通用飞机及航电系统设备生产能力。德清莫干山通航机场开通有两条客运航线，分别前往横店和舟山，由华夏通航与北大荒通航联合运营。目前两条航线有着相对稳定的客流，旅客以本地为主，也不乏外地游客前来猎奇体验。机场方面也在不断完善相关配套设施，改善旅客的乘机体验。

德清莫干山机场

（五）旅游 + 文化促进文化创新传承

文旅融合是德清实现全域旅游的重要途径。德清县的旅游 + 文化融合发展充分尊重地方特色，突出自己的特色，并且重视旅游 + 文化，为文化遗产的活化利用带来了新的发展机遇。德清县在文旅融合发展中积极打造文创园区、活化传统文化节事和开发文创产品。

第一，打造乡村文创园区。

庾村 1932 是国内首个乡村文创园，近年来，莫干山镇积极在园区引进自行车主题餐厅、乡村文化艺术展厅、莫干山民宿学院等一系列文创产业，将文化与旅游进行了深度融合。新入驻的商家包含体育、餐饮、手工制作、射箭等，还有全市首家以魔术表演为主的小剧场。通过旅游消费，进一步拉动了已有资产的盘活利用和文化创意企业的发展。

第二，推进书香进民宿，提升旅游产品的文化之品。

自 2017 年以来，德清县图书馆根据民宿的规模档次、地理位置等，在莫干山周边，选择了 11 家民宿作为县图书馆的流通点，目前已流通图书 1 万余册，图书利用率达 60% 以上。不仅提高了公共图书的利用率，也提高了莫干山民宿的档次和内涵。2018 年，《书香德清——以乡镇"特色分馆"建设带动公共文化服务均等化》成为浙江省公共文化服务体系示范项目。

莫干山民国图书馆的前身就是黄郛创办的莫干小学，主体建筑建于 1932 年，现藏有一万册与民国政治、经济、历史文化等相关的书籍，以及海量民国期刊数据库。2016 年莫干山民国图书馆开馆。作为德清县图书馆的首家特色分馆，与县图书馆实现通借通还，为浙江省文化厅第三批创建公共文化服务体系示范项目"书香德清——以乡镇特色分馆建设带动公共文化服务均等化体系"之一。它不仅是保存借阅民国文献资料、交流研讨民国文化现象的理想场所，也是环莫干山区休闲阅读的一道亮丽风景线。

庚村 1932 文创园的自行车主题餐厅

莫干山民国图书馆

钟管蠡山民俗图书馆立足水乡民俗、农耕文化，以"耕读传家"为定位，具有藏书、阅读、学堂、电商、休闲等功能，为当地村民和外来游客的公共阅读、文化休闲提供特色服务，是蠡山"田园风光、春秋情义"景区的一大亮点。

乾元国学图书馆是德清县将闲置老建筑改造成设计独特、藏书丰富、活动多彩的图书馆，有力助推乡村文化振兴。坐落于乾元镇余不弄的修吉堂原为德清望族徐氏老宅，堂额为清康熙四十四年（1705）四月初四皇帝御书，赐徐倬之子徐元正。徐氏后人遂以"修吉堂"命名堂号。修吉堂曾刊刻《诗古微》《德清徐氏宗谱》等重要古籍，其花树轩于1978年被辟为德清县图书馆老馆，2018年在老馆址基础上建成特色主题分馆——乾元国学图书馆重新开放。少年国学社、夏令营、冬令营是乾元国学馆打造的"一社双营"活动。乾元国学图书馆藏书2.5万余册，设有成人和少儿图书馆借阅区、读者活动区、国学讲坛、城市书房等多项功能。它和乾元镇的余不弄文化街区一起，成为读书爱好者了解德清历史、学习国学的重要场所。

第三，活化系列传统文化节庆活动。

德清加快全域旅游发展的同时，开展天猫莫干山户外嘉年华、新市蚕花庙会等旅游大手笔活动，促进全县旅游由景点向乡村辐射，由区域游向全域游转变，由单一观光游向多元复合游拓展、由旅游产业向三次产业融合延伸。作为中国著名的蚕桑产区之一，新市镇已有1700多年历史。一年一度的蚕花庙会寄托着百姓祈求顺遂的愿望和传承千年的乡愁。新市镇这一民间风俗曾因战事在1936年中断。1999年，新市镇恢复了大规模的"蚕花庙会"，并推陈出新，将之办成一场雅俗共赏的有新时代意义的群众性传统文化狂欢节。蚕花庙会到2019年已经举办了21届；乾龙灯会是从2001年开始举办的，到2019年已经举办了19届；新市羊肉黄酒节从1997年开始举办到2019年已经是第23届。

乾元国学图书馆

2019年蚕花庙会

2017 年蚕花庙会

2019 年乾龙灯会

第四，旅游文化创意产品促进传统文化挖掘。

早在 2015 年，德清县文旅公司就关注如何打造具有德清文化符号的"伴手礼"，并将竹扇、丝绸围巾、来自莫干山的矿泉水和黄芽茶叶等德清本地的土特产和特色商品贴上了"洋家乐"的品牌标签。德清县一直重视推出具有鲜明地域文化特色的文创产品和原生内容的高质量产品，并且注重好的文创产品应该自带讲述当地故事的属性。

德清县在大力发展全域旅游，全面提升旅游产品业态的同时，注重打造文创品牌，从而对延伸产业链、提升文化软实力起到重要的推动作用。在充分把握市场需求的情况下，县文旅集团继续挖掘德清本土特色，开发多样产品。在 2019 中国特色旅游商品大赛中，德清旅游商品 Discovery 户外装备系列、云水和居·生态德清——原木生活器物礼、风徐来 THEWIND·绚烂星空系列折扇从 9 万多件商品中脱颖而出，获得一金一银一铜的佳绩。德清以市场为导向、以精品为目标，整合德清优质旅游商品资源，挖掘开发一批独具特色的文创产品，并进一步完善其研发、生产、销售及宣传，借此契机进一步打响德清本土文创品牌，为德清全域旅游增添新的亮点。

Discovery 户外装备系列

干将、莫邪则是莫干山的"代言人"。2018 年随着全域旅游的推进，德清创能电子科技有限公司把干将、莫邪的形象进行了创新设计，并申请了版权将这两个形象用

水和居 · 生态德清——原木生活器物礼

于企业今后的创意科教模型、文创等产品的开发设计中，进一步促进了莫干山历史的传承与文化传播。

（六）旅游＋健康营造健康生活方式

德清县生态优势明显，尤其是近年来深入践行"两山"重要思想，做好绿水青山这篇大文章，已成为沪、杭、苏等长三角地区游客首选的健康养老目的地。目前，德清县全力发展生物医药这一大核心产业，突出发展健康养生、健康体育两大优势产业，培育发展健康旅游、健康食品和医疗服务等若干新兴增长点，构建"1+2+N"健康产业体系，力争将德清打造为浙江省健康产业发展引领区、国际化生态健康谷，推动全民健康，为德清建设国际化山水田园城市、高水平全面建成小康社会奠定坚实基础。在德清县旅游＋健康的融合发展中积极推进养生基地建设、中医药基地建设、运动休闲基地及线路建设和体育赛事培育。

第一，培育养生基地和中医药基地建设。

首先，以长三角健康中老年人为目标人群，发展度假式养生服务，依托莫干山、下渚湖等，适度建设一批养生养老基地，德清县开展各类集养生、度假、休闲于一体的度假式养生服务，建设了一批老年公寓、老年社区等中高端养生地产。其次，德清县充分利用良好的生态环境和传统中医药的传统文化，将陆有仁中草药博物馆打造为省级中医药养生旅游示范基地。《陆氏医验》是明代嘉靖年间先祖陆岳创办，几百年来祖先始终秉承"不为良相、原为良医"和"学医必精，为医必仁"的家训，经历了浙北陆氏中医几十代人的传承而屹然挺立，现为浙江省非物质文化遗产代表作名录项目。中医药养生旅游示范基地传承和发扬了这一历史文化中医药瑰宝。最后，加快中药的开发和旅游商品化。德清县支持"浙八味"、铁皮石斛、珍珠、金硕金银花等特色药材产业基地建设，推进规范化、规模化种养殖。加快引进国内外著名健康食品企业，鼓励开展中药材精深加工，引导开发新型保健食品和功能食品，促进健康食品企业与相关养生服务、美容美体、医疗康复等行业机构合作。

陆有仁中草药博物馆展馆外景

第二，重视健康体育旅游的发展。

首先，依托环莫干山国家级登山步道、专业山地自行车营地、汽车越野体验中心等场地保障，重点发展了攀岩、登山、定向越野、自行车等户外运动，德清县形成一批具有国际影响力的户外运动休闲特色品牌。依托泰普森、五洲体育、久胜车业等龙头企业，打造以户外休闲品、健身器材等为主要产品的体育用品制造业集群。其次，加快基地与体育设施建设。已建成久祺国际骑行营、山浩户外运动基地、国家级登山步道等一批户外运动休闲设施，Discovery 探索基地、山浩户外已成功创建浙江省运动休闲旅游示范基地，德清莫干山漫运动小镇入选首批省级运动休闲小镇培育名单。最后，继续开发健身步道、自行车绿道等慢行交通系统，引导发展登山步道、徒步骑行服务站、汽车露营营地等户外场地设施。2018 年，德清县莫干山久祺国际骑行营的山地骑行项目被浙江省体育局和浙江省旅游局认定为浙江省运动休闲旅游优秀项目（2019—2021）。久祺国际骑行营项目主要位于莫干山镇何村，由浙江久祺自行车运动发展有限公司投资建设，项目总投资约 5.87 亿元，是一个专业级骑行运动和莫干山文化休闲相结合的综合生态休闲度假项目。

第三，积极打造一批体育赛事，开发专项旅游市场。

近年来，德清县大力推进全域旅游发展，立足自身资源优势，探索实践"旅游 +"产业融合发展，多次举办了全国山地自行车锦标赛、久祺山地自行车公开赛（莫干山站）等高级别赛事，吸引了大批体育旅游爱好者。2019 年 1 月 5 日，中国·德清·新安房车露营旅游节在新安镇百富兜村如期举行，共吸引全国各地的 200 余位车友参加（表 2-6）。

表 2-6　2019 年莫干山镇相关体育赛事一览表

序号	举办时间及天数	赛事项目活动名称	地点	参赛人数（人）	赛事级别
1	4 月 21 日（1 天）	2019 莫干山"侠客国度"国际障碍挑战赛	莫干山久祺国际骑行营	660	国际
2	7—8 月（1 天）	2019 中国山地自行车公开赛	莫干山久祺国际骑行营	1100	全国
3	11 月（2 天）	TNF100 2019 莫干山国际越野赛	莫干山镇	3000	国际

序号	举办时间及天数	赛事项目活动名称	地点	参赛人数（人）	赛事级别
4	10月（2天）	2019凯乐石莫干山越野赛	莫干山镇	3300	国际
5	12月（1天）	第四届德清国际竹海马拉松	莫干山镇	3000	国际
6	12月（1天）	2019久祺华东区少儿平衡车联赛暨少儿平衡车大赛	莫干山久祺国际骑行营	1000	全国

Discovery 探索基地

（七）旅游＋智慧引领技术创新标杆

德清县以创建全域旅游示范县、建设国际化山水田园城市为契机，以培育旅游新动能、扩大旅游新供给、打造旅游新引擎为重点，进一步夯实智慧旅游基础设施，着力推进新一代信息技术与旅游管理、营销、服务各环节深度融合和跨界应用，深化机制体制创新、强化示范引领，促进全县旅游业供给侧结构性改革，实现由旅游大县向旅游强县跃升，成为全县经济发展的新引擎和新支柱。

第一，推进"AI+"产旅融合。

创新发展旅游新业态，推进云兔互联网家居体验中心、莫干山国际文创小镇等项目建设，以人工智能等信息技术提升旅游与文化创意、体育、休闲养生、工业、农业等产业跨界融合。推进信息技术在旅游风情小镇等建设中的深度应用，提升旅游类特色小镇综合发展能级。大力推进农旅融合发展，开发基于智能农业的农事体验与农业观光旅游。推进智慧健康养老产业和旅游深度融合，打造"医、养、游"结合的示范基地。

德清地理信息小镇

第二，打造特色的智慧旅游小镇。

2018 年 11 月 21 日，以"同绘空间蓝图，共建美好世界"为主题的联合国世界地理信息大会（UNWGIC）在德清圆满落幕。UNWGIC 为德清留下了德清国际会议中心（DICC）和德清国际展览中心（DIEC）等硬件设施，为德清举办大型国际性会议提供了先决条件。德清旅游借助地信大会召开给德清县带来的影响力提升，优化整合县域旅游资源，进一步完善基础设施、商业配套等方面，大力提升小镇环境和形象，将其创建为 4A 级景区。地信小镇将坚持"产业为本、文化为脉、产景融合、智慧创新"四个理念，突出"基础设施、配套功能、服务质量、旅游环境、景区业态、产业互动"六大重点，着力推动小镇景区提质升级发展，打造集地理信息产业集聚、地理科技创新、地理信息技术展示与应用、地理科普互动与旅游文化体验、智慧生活与会议会展等功能于一体的国家级地理科普研学景区，实现产业与旅游两翼齐飞的目标。

五、城乡统筹，宜业宜游宜居

（一）树立新时代三农转型新样板

党的十九大报告明确提出坚持农业农村优先发展，把乡村振兴提升到战略高度，德清县始终把"三农"工作抓在手上、落到实处。2016 年列入国家农村产业融合发展试点示范县，2017 年作为全省唯一的农业供给侧结构性改革集成示范试点，聚焦"三农"全面转型发展先行先试、率先破题，德清县东衡农村产业融合发展示范园正式列入首批国家创建名单。

第一，提高认识，强化领导，健全工作协调机制。

德清县坚持把推动农业转型升级作为提升农业核心竞争力的重要途径。成立由县长担任组长、相关部门组成的国家农村产业融合发展试点示范工作领导小组，全面负责领导全县农村产业融合发展工作，加强对农村产业融合发展示范村培育创建工作的组织领导和统筹协调。建立健全农村产业融合发展工作协调机制和工作例会制度，各有关部门分工明确，协调推进试点示范工作实施和政策落实。

第二，因地制宜，挖掘特色，探索融合模式创新。

针对县域内东西部环境差异大，西部山区土地资源贫瘠、东部水网发达的实际，德清县依托新型城镇化、"多规合一"、城乡体制改革等多项改革试点工作所取得的成效，充分发挥现代农业的领先优势和优美环境的独特优势，加快推进融"生产、生活、生态"于一体的现代高效农业，大力发展休闲农业与乡村旅游、观光农业、采摘农业、智慧农业等特色产业，加快产业融合与新型城镇化联动发展，走以产兴城、以城带产、产城（产村）融合、城乡一体的发展道路。西部区域立足生态优势，将美丽乡村与国际化休闲旅游相融，形成民宿新业态，集聚了以裸心堡、法国山居等"洋家乐"为代表的近百家高端精品民宿。2017 年全县乡村旅游接待游客 658.3 万人次，乡村旅游总收入 22.7 亿元。东部区域突出"蚕乡古镇、防风古韵、鱼米之乡"特色，结合水网、开放式村落的地域特点，采取强村带弱村、区域合作等融合发展方式，实现村村联动发展，涌现出了东衡农村产业融合发展示范园成功列入首批国家创建名单的显著成果。

第三，强化统筹，试点联动，有效解决要素制约。

通过"多规合一"，优先划定了 185 平方千米的永久基本农田控制线和 559 平方千米的生态控制线，切实保护了耕地、园地、林地等农业空间。构建了四级联动的农村综合产权流转交易体系，全县 80% 的土地实现了有效流转。深化农村综合产权制度改革，稳妥推进农村集体经营性建设用地入市国家试点，截至目前，全县农村集体经营性建设用地入市 240 宗，面积 1947.35 亩，成交总额 5.53 亿元，集体收益 4.44 亿元，惠及农民群众 22 万余人。不断完善农村产业融合投融资机制，为农民致富、农村发展提供有力信贷保障和金融服务，有效解决资金要素制约。截至 2017 年年底，农村产权抵押贷款余额达 775 户，累计金额 4.45 亿元，有效激发了农村金融活力。

第四，提升环境，强化统筹，积极发展美丽经济。

突出"一镇一品牌、一村一特色、一路一景观"，高起点编制县域总体规划和全省首个美丽乡村升级版战略规划，实现"一张蓝图管到底""一把笤帚扫到底""一根管子接到底"。以"扩、提、融"推进新一轮美丽乡村建设，21 个省级美丽宜居示范村建设持续深化，10 个精致小村 286 个项目全面铺开，21 个精品示范村 383 个项目加快推进，其中 12 个精品示范村完成创建验收，30 个提升村完成创建，五四村、劳岭村等 5 个村成功创建国家 3A 级旅游景区，二都村获评住建部改善农村人居环境美丽乡村示范村、省级美丽宜居示范村优秀村庄。

案例 1：东衡村 走产业融合 强村带弱村

近年来，德清县东衡村呈现一二三产业全面发展态势，东衡村地域面积 10.4 平方千米，拥有水田 4553 亩、桑地 1004 亩、鱼塘 280 亩、山林 690 亩。农业生产以水产养殖、粮食生产为主；工业以钢琴和木皮制造为主，是洛舍钢琴的发源地，也是洛舍"钢琴小镇"的重要组成部分；第三产业主要以农家乐为主，共有 5 家；2016 年实现农村经济总收入 5.6 亿元，村集体经济总收入 1000.18 万元。

根据东衡村现有产业融合发展的优势条件与发展方向，示范园的创建类型确定为"产城融合"型，形成了《浙江省德清县东衡国家农村产业融合发展示范园创建方案》。示范园以"产业强、农民富、乡村美"为总目标，以创建"钢琴小镇"、建设美丽田园以及打造 3A 级村落景区为抓手，在水乡特色的现代农业发展和美丽乡村建设基础上，结合孟頫文化和钢琴文化，推动"农业 + 文化 + 旅游"的深度融合，发展休闲农业游、乡村度假游、梦頫文化游、钢琴体验游联动的全域旅游，以强村带弱村、村村联动发展，实现以产兴村、以村带产、产村融合，消除集体经济薄弱村，建成"产城融合"型国家农村产业融合发展示范园。

东衡村通过集体经营性建设用地入市，建设钢琴众创园，已有 14 家企业通过入市拍卖进驻园区。引进 7 个经济薄弱村入驻众创园，成立了德清八合物业管理服务有限公司，带动经济薄弱村共同发展经济。目前众创园第二区块已有 18 家企业入驻，2017 年实现村集体经济总收入 2064.14 万元，村民人均纯收入 29600 元。

案例 2：三林村 走跨区域融合 村村联动发展

近年来，三林村隶属禹越镇，2019 年禹越镇实现农村居民人均可支配收入 36734 元，农村集体经营性收入 871.05 万元。三林村积极推进田园综合体建设，加速推进农业绿化、农村美化、农民转化，同时带动周边村集体共同富裕，构建现代农业全产业链发展新模式。

三林村田园综合体项目于 2017 年启动，总投资约 4500 万元，以"万鸟园"生态公园为中心，旨在进一步优化三林村水乡生态系统，构建"鱼、鸟、林、果、人"相

互依存、共美共乐的农业生态区，同时建立和完善千思蚕桑园、大禹生态园、市民农园、渔业尾水治理示范点、现代生态循环农业监测平台等项目，构建集种植、蚕桑、渔业、智慧农业、观光休闲农业等为一体的产村融合示范区。

同时，其三产融合式发展新模式也辐射和影响着周边的高桥村和夏东村。高桥村以水产养殖业为主，是蚕桑产业发源地，织带、家庭纺织是该村一大特色，全村现有纺织型企业 200 余家。高桥村以特色农业为主导，同时发展观光休闲旅游业，以农耕体验＋精品民宿的经营模式，推进花间堂精品度假酒店项目，带动周边农户共同致富。夏东村位于三林村以东，打造以农耕休闲为一体的农民蔬菜公园，可供 100 余户村民免费种植蔬菜，既丰富了农民生活，又美化了乡村建设。结合本村优势，该村创建"电商创业基地"，和周边农村的服装实体店、纺织加工企业进行线上线下合作，实现产供销一体化。

2019 年，三林村实现农村集体经营性收入 103.87 万元，高桥村实现 123.31 万元，夏东村实现 67.76 万元，形成村村联动发展的良好机制。

案例 3：五四村 走特色种植业 发展乡村旅游

五四村位于阜溪街道西北部，区域总面积 5.61 平方千米，全村耕地实行 100% 流转，发展规模种植基地和乡村旅游，共有现代农业企业 7 家，民宿、农家乐已有 19 家。2019 年村集体经济收入 513 万元，农村人均纯收入超 5 万元。2013 年完成村集体资产股份制改革，确定股东人数 1496 人，量化股权数 1496 股，量化经营性资产 374 万元，每股量化金额 2500 元。全县已有 6 家金融机构开展了农村"三权"抵押贷款业务，有 38 户通过农房抵押获得了 1312 万元的贷款授信。

五四村发展农业特色产业，实现效益与环境的良好结合。引进"中国红"玫瑰园、红枫种植、荣泽葡萄等高效生态农业项目，带动村民致富、美化村庄环境，做大休闲旅游产业。同时，五四村充分依托特色农业基地发展生态休闲旅游，借助德清县旅游集散中心项目的落户，打造浙江省内唯一一家花卉超市——"亿丰花世界"。紧抓德清"瓷之源"地位确立契机，成立瓷之源旅游商品研发中心，发展农家乐。五四村已发展成为集休闲旅游、观光旅游等于一体的旅游集散地，先后获得国家级美丽宜居示范村、国家 3A 级旅游景区、中国美丽休闲乡村、省级文化示范村、省级特色旅游村等荣誉称号。

（二）推进公共服务设施城乡均等

党的十八大《中共中央关于全面深化改革若干重大问题的决定》提出推进城乡要素平等交换和公共资源均衡配置。统筹城乡基础设施建设和社区建设，推进城乡基本公共服务均等化。长期以来德清县坚持推进城乡公共服务均等化，进行了一系列工作，奠定了良好的基础。在全域旅游的发展理念下，结合"全域旅游"规划、"万村景区化"工作，德清县正通过景区化理念进一步推进城市公共服务均等化，城乡公共服务一体化发展走在全省前列。

第一，"优学在德清"初步打响。

实施教育质量提升、美丽校园提升、智慧校园建设、教育名家培育、依法治教推进、教育交流合作六大工程，成为全省首批教育现代化发展水平监测工作试点县。所有镇（街道）公办幼儿园达到省二级及以上标准，51 个村教学点均为市标准化村教学点，学前三年幼儿入园率达到 99.3%。义务教育优质均衡。全县义务教育学校标准化学校达标率达 100%。小学、初中适龄儿童少年入学率、巩固率均达到 100%，积极争创首批全国义务教育优质均衡发展县。

第二，居民增收就业稳步推进。

加强低收入群体精准帮扶，完善城乡居民低保兜底机制，将重残补助对象、智力残疾人纳入低保救助，最低生活保障标准从每人每月 615 元调整为每人每月 681 元。深化实施最低工资制度，调整最低工资标准至 1660 元。扶持村级集体经济发展，推动新一轮低收入农户全面认定，加快农民增收。新增城镇就业人员 4.86 万人，帮扶城镇失业人员实现再就业 1.63 万人，城镇登记失业率逐年下降，2017 年城镇登记失业率控制在 2.46% 的较低水平。制定并实施《关于支持大众创业促进就业的实施意见》，扶持创业 2248 人，带动就业 10316 人。

第三，社会保障日趋完善。

户籍法定人员基本养老保险和基本医疗保险参保率分别达到 95.43% 和 99.37%，

基本实现应保尽保。德清县已经实现了医保跨省异地就医住院刷卡结算，开通医保个人账户家庭共济，在湖州市率先开通特殊病种门诊异地刷卡结算。城镇保障性安居工程扎实推进，累计开工建设保障性安居工程 9242 套，保障住房困难家庭 2541 户。城乡社会救助水平全面提升，养老服务、儿童福利、慈善和残疾人事业稳步发展。养老机构公建民营改革加快推进，居家养老、医养结合服务水平有效提升，建设完成照料中心 174 家，实现了城乡社区居家养老服务照料中心全覆盖。

第四，推进文化服务城乡均等化。

德清县不仅积极推进德清大剧院建设，还建设了多家城市书房和多家特色图书分馆。同时，德清县打造了群星小剧场、群星大展厅，为乡村民俗登台展演提供平台。此外，德清县还指导农村文化礼堂、镇（街道）综合文化站、非国有博物馆建设，引导社会力量参与，促进城乡文化阵地建设均等发展。

第五，推进城乡公交一体化。

自 2005 年德清县实行城乡公交一体化改造以来，在县政府、交通主管部门、公交企业的共同努力下，城乡公交一体化的改造成果不断显现。截至目前，德清县现有公交运营企业两家，分别为德清县新城公共交通有限责任公司和德清县更强运输服务有限公司，共有公交线路 58 条，其中城市公交 19 条，城乡公交 39 条，新城公司经营 54 条，更强公司经营 6 条，其中 2 条为共同经营。公交线路已覆盖至全县各个乡镇（街道），并且于 2017 年 6 月实现全县建制村 100% 通公交。在此基础上，德清县进一步在实行阶梯票价的城乡公交线路（含途径武康中心城区的公交线路）上推行全程 2 元一票制，公交优免乘车政策和公交移动支付也同步覆盖道路县域所有城乡公交线路。至此，德清县特殊人群可在全县范围内的城乡公交（不包括旅游专线和跨线客运班线）享受同等的优惠政策。

（三）拉动就地就业提升生活品质

德清县把沉睡的资源转化为发展资本，转化为产业发展的优势，开启乡村旅游新模式。以"洋家乐"为带动的旅游产业涉及食、住、行、游、购、娱等多个方面，拉动村民就地就业和收入增长。至今，德清县已有农洋家乐 750 多家，其中以"洋家乐"为代表的特色民宿150多家，裸心、西坡、大野之乐等一批高品质民宿品牌，带动了德清乡村走上振兴之路。据悉，仅民宿产业就吸收县内直接从业人员5700余人，间接带动就业超过1万人，人均年收入为4.5万元。一手抓"美丽乡村"建设，一手抓"美丽经济"发展，老百姓的"幸福指数"可谓节节登高。根据县统计局提供的数据，2018年、2019年主要旅游镇（街道）农民年人均可支配收入超过3万元，莫干山镇、下渚湖街道等主要旅游乡镇（街道）农民年人均可支配收入超过3.1万元，莫干山民宿集聚片区农民收入达到人均4.5万元。德清旅游，特别是乡村旅游的发展，拓展了农民增收渠道。民宿产业带动房租收入，仅农房出租年收入1000余万元，平均每幢每年收入6万多元。民宿产业吸收县内直接从业人员5400余人，为乡村旅游配套的商店、交通等旅游相关行业吸收县内从业人员2万多人，年人均收入为4.5万元左右。同时，游客消费带动了茶叶、笋干等特色农产品土特产的销售。据不完全统计，全县旅游共计带动农民财产性收入近亿元。

五四村在十多年前还处于集体负债状态，连村干部工资都发不出。自2000年开始，村里探索实行土地流转，通过实现耕地100%流转、成立土地股份合作社、引进特色农业生产基地、发展整村旅游，完成了传统农业向规模化、精细化现代农业和休闲旅游业的转型。当前，五四村最迫切的事情就是要抓住乡村振兴的机遇，继续通过发展乡村旅游来壮大集体经济。通过项目引进，引进优质社会资本，将五四村整村打包上市，让村民变股民，让城乡统筹发展真正惠及所有群众。仙潭村过去是一个贫穷落后的小山村，通过村民经营民宿，收入得到了快速增长。这种发展效应也促进劳动的回流和乡土文化的挖掘，进一步带动新的投资项目和新思想与新理念的进入。通过全域旅游的发展和旅游经济的带动，德清县大量新村集聚、设施齐全，实现了美丽田园社区宜居、宜业、宜游。

旅游带动就业和乡村振兴

今年30岁的郑佳佳毕业于浙江工商大学。去年，原本在杭州工作的她回到老家——莫干山镇兰树坑上下庄开起了民宿。郑佳佳的老家就在裸心谷边上，背靠大山，环境极美。敲敲打打折腾了半年多，郑佳佳成功改造了自己家的老房子：腾出了

10 个房间作为客房，原本闲置的农家大院子也变成休闲味十足的露天茶吧。

去年，老房子改建"溪山原宿"正式对外营业。为了招揽生意，一方面郑佳佳积极学习如何进行营销、策划等，另一方面她经常利用空闲时间参加各种推介活动，介绍家乡的优美风景，也介绍自家的民宿。在她的努力下，上海不少大公司都会包场，把年会放在她家的民宿，携程、艺龙等旅游网站也成为她的合作伙伴。"做民宿，一是和我老公的专业有关，二是借助了我们村独特的地理优势。"郑佳佳说，最重要的是，帮助附近村民们一起做民宿，让村里的许多老人找到了幸福感。

一个旅游点致富一个村，一个旅游区繁荣一个县。渐入佳境的德清旅游业，使得越来越多的人吃上了旅游饭，也让众多德清村民参与分羹"生态红利"，惠民效应渐显。

劳岭村党总支书记贾小平说，"之前，这里只有三户人家、九口人"，这才有了"三九坞"这个名字。如今，民宿落地开花，无人问津的老房子身价倍涨。"村里 40 多家洋家乐解决全村 300 多人的就业，村人均收入也达到了 33000 元。"

（四）形成全民创业全民共享格局

德清县通过旅游经济的带动作用和积极的政策推动，已经吸引大量的外出劳动力返乡创业和外来人才来德清发展，已经形成了"全民共建＋全民共享"的全域旅游发展新格局。

德清休闲度假产业尤其是民宿经济的快速发展，吸引了大量外来资本投入与返乡青年回乡创业，带动了当地金融、客运、餐饮、建筑装修和农业特产等领域发展。比如，仙潭村自 2013 年以来，近 90% 农民工返乡创业，88 家民宿经营户带动就业200 多人，该案例获多位中央领导批示肯定。一方面，德清县"洋家乐"民宿产业吸收县内直接从业人员 4800 余人，为乡村旅游配套的商店、交通等旅游相关行业吸收县内从业人员超过 10000 人，人均年收入为 4.5 万元，形成"全民共建＋全民共享"的全域旅游发展新格局。政府、企业与当地居民建立良好的旅游开发利益共享机制，国有景区为周边村镇提供就业岗位，如下渚湖景区现有员工 172 人，其中 90% 以上为下渚湖街道、乾元镇、武康街道景区周边各村居民。德清本地户籍游客可免票游览下渚湖景区、新市古镇景区。在网站建立了模块，可链接到县人才网，旅游企业可发布相关就业服务信息，求职者可在网上获取信息。另一方面，德清县也根据旅游经济的发展，鼓励"农村＋互联网"，以农村电子商务发展带动"大众创业、万众创新"，搭建淘宝"德清馆"农产品销售平台，建成阿里巴巴"农村淘宝"服务站点 109 个、丰收驿站 128 家、"村邮乐购" 235 个，德清优质诚信农产品区域品牌网络实现服务范围全覆盖。近年来，为鼓励年轻人返乡创业，德清县先后出台多项扶持政策，发布全国首部县级乡村民宿地方标准规范，为农民工返乡创业提供政策支持、创业指导和经营服务。政府的大力引导，激发了德清县外出青年返乡创业热情，在各种产业的发展良好机遇下吸引大量的外出劳动力人才回流。

全国首个村级返乡创业协会在德清成立

2018 年 2 月 4 日，德清莫干山镇仙潭村旅游景区集散中心和返乡创业基地正式挂牌成立，全国首个村级返乡创业协会也由此诞生。

该返乡创业协会由仙潭村 70 多位创业成功的年轻人自发成立，旨在吸引更多年轻人返乡创业，并对他们进行创业培训和其他服务，同时，协会还将协助当地政府部门，做好村里的环境保护等工作。

仙潭村成立返乡创业协会，将鼓励更多年轻人返乡创业，鼓励更多人开民宿，带

仙潭村返乡创业协会

动一方产业集聚，进而"产村"融合，能给农村长期稳定发展带来活力，为乡村发展注入激情与活力。

六、全域美丽，践行两山理论

德清县践行"两山"理论，坚持生态文明建设优先战略，成功命名浙江省第一批生态文明建设示范县和"两美浙江特色体验地（市、县、区）"，深入实施"811"生态文明建设推进行动，生态文明建设取得新成效。德清县率先实现省级森林城镇全覆盖，积极创建珍贵彩色森林示范县，全力打造"国家森林城市、国际湿地城市"两张名片。

（一）顶层设计国土空间全域美丽

长期以来，德清县一直重视国土空间全域美丽，为全域旅游的开展奠定了良好的基础。目前，德清"以农村人居环境整治撬动经济发展"的实践经验已经成功入围"践行联合国 2030 年可持续发展议程典范案例"。

首先，德清划定景观整治和资源保护的红线与追责制度。

为了加大生态建设和保护力度，德清县实施最严格的自然资源和生态空间保护制度，优先划定 185 平方千米的永久基本农田控制线和 559 平方千米的生态控制线，形成统一的空间优化控制体系。深化生态文明体制改革，健全党政领导干部生态环境损害责任追究制度和自然资源资产离任审计制度，在全省率先建立并实施生态补偿机制，自然资源资产离任审计工作获袁家军省长批示肯定。

其次，打造美丽城镇建设先行区。

自 2016 年以来，德清县围绕省委、省政府部署，全面开展小城镇环境综合整治行动，各小城镇环境面貌彻底改善、承载功能大幅提升、城镇管理有序高效、产业发展加速转型，取得了较大成效。国家部委及省市等领导多次来德清调研，全国特色小（城）镇经验交流会、全省小城镇环境综合整治工作现场会、全国特色小镇培训会等一批大型会议相继在德清召开或考察。至 2018 年年底全县 16 个整治对象全部通过考核验收，提前实现美丽城镇"全覆盖"，连续获评 2017 年、2018 年度全省小城镇环境综合整治工作优秀县。乾元镇、新市镇、洛舍镇、莫干山镇、下渚湖街道、上柏集镇 6 个对象列入省级样板，乾元镇、新市镇、洛舍镇、新安镇、莫干山镇、下渚湖街道、上柏集镇、高桥集镇等 9 个对象列入市级样板。其中，乾元镇、莫干山镇启动较早、成效好，多次成为大型会议现场考察点，在全省乃至全国范围内形成了示范效应。早在 2014 年，乾元镇启动美丽城镇建设，以老小区整治为切入口，逐步启动"精致古镇，美丽社区"行动。2016 年，乾元镇对标中央和省市县要求，汇聚文化乡贤和社会各界人士智慧，提出了以"见山望水、文化传承、统筹民生"为原则，围绕"一心、双轴、三环、三片、多节点"的核心布局，大力实施旧城改造三年行动。三年来，该镇累计投入 6.9 亿元，城镇环境面貌显著提升，乾元镇旧城有机更新项目获得中国人居环境范例奖。莫干山镇根据自身特点进行提升改造，明确了彰显"民国风情、海派文化"的总体定位以及三横两纵的空间布局，努力做好"五个一"（即一座山、一条街、一条溪、一杯茶、一个人）文章，打造集休闲旅游、文化创意、户外运动三大产业于一体的民国风情特色小镇。政府有效整合各类资源，并带动社会投资参与建设改造，政府投入和社会投资达到了 1∶1 的效果。通过完善设施、提升产业、拓展功能、挖掘文化、整治改造、保护生态等项目的综合实施，注重把整治提升与产业发展相结合，通过新兴业态的入驻，为小城镇注入新的生命力。2016 年成功入选首批中国特色小镇。

德清县扎实推进形象入口、建筑立面和绿地景观等改造建设，在全省率先开展住宅小区违建整治工作，完成整治近千户，基本消除街面"僵尸车"，全面清理"空中蜘蛛网"。以"最多跑一次改革"为引领，深入推进"一室四平台"建设，推广乡贤参事会、街（路）长制、河长制、楼长制等有效做法，推动执法重心和城镇管理"双下移"；设立专项补助奖励基金，实行 50% 财政补助 +10% 考核奖励，鼓励引导华夏幸福等民间资本参与整治。

（二）深入推进全域美丽乡村升级

首先，美丽乡村建设走在全国前列。

从开启和美家园建设到如今吹响全面提升美丽乡村建设的号角，德清在农村人居

环境的打造上，已经走在了全国前列。2013 年，成功创建省美丽乡村先进县。2014 年，全省美丽乡村建设现场会在德清召开。2015 年，全国首次农村人居环境普查评价德清县位居第一。2016 年，中国（德清）美丽乡村建设研讨会在德清举行。目前，德清在节点上投入 13.8 亿元打造了一批美丽宜居示范村庄，完成了 118 个行政村的和美家园精品村创建，成功创建 11 个县级精品示范村、107 个市级美丽乡村、21 个省级美丽宜居示范村（其中五四村为国家级美丽宜居示范村）。农村生活污水治理工作自然村覆盖率达到 100%，农户受益率达 80% 以上。德清县还将在总结前期建设经验的基础上，编制完成《德清县美丽乡村升级版战略规划（2016—2020）》，计划投入 30 亿元，实现"五美六村"建设目标，引领新一轮美丽乡村升级版建设。

其次，融入大花园战略，推进美丽乡村建设升级。

浙江是中国旅游大省，旅游成为浙江省经济发展的新动能。改革开放 40 多年，浙江一直引领全国旅游的发展，精品民宿、主题酒店、万村景区、厕所革命等众多标准和经验很多出自浙江。未来五年，浙江要从旅游大省向旅游强省转变，进一步缩短与国际旅游发达国家的差距，打造一个真正的省域大花园，实现"人在画中游，景在心中留"的美好愿景。2018 年，浙江正式启动大花园建设，计划在 2022 年走前列、2035 年成样板，届时将形成"一户一处景、一村一幅画、一镇一天地、一城一风光"的全域大美格局，建设现代版的"富春山居图"。

德清县打响美丽乡村大品牌。主动融入全省"大花园"建设，深入实施美丽乡村升级工程，全县域打造了环莫干山异国风情、历史人文、水乡古镇、防风湿地、水梦苕溪等 10 条美丽乡村景观线，全长 352 千米，覆盖 137 个行政村。环莫干山异国风情景观线入选首届"浙江美丽乡村十条最美精品线路"。在全县建设 10 个精致小村、35 个精品示范村和 91 个提升村，A 级村庄景区累计达 30 个。

（三）打出景观环境整治的组合拳

德清县在景观整治和环境治理方面，打好"五水共治""四边三化""三改一拆""治气治霾"等系列生态环境整治组合拳。城乡垃圾收集覆盖率和生活垃圾无害处理率均达到 100%，实现农村垃圾分类和资源化利用全覆盖，获评全省农村生活污水治理设施运维管理优秀县。

第一，扎实开展"四边三化"行动。

公路边、铁路边、河边、山边区域（以下简称"四边区域"）的环境状况，直接关系广大人民群众的生活品质，是反映德清县生态建设成果的重要窗口。2012 年以来，德清县各乡镇、各部门按照县委、县政府决策部署，扎实开展"四边区域"的洁化、绿化、美化行动（以下简称"四边三化"行动），取得了明显的阶段性成果，促进了城乡面貌改善。为深入贯彻落实省委十三届五次全会精神和《浙江省深化"四边三化"行动方案（2015—2020 年）》《湖州市深化"四边三化"行动方案（2015—2020 年）》要求，巩固提升"四边三化"成果，特制定《德清县深化"四边三化"行动方案（2015—2020 年）》。到 2020 年，全县公路边（边界为高速公路用地外缘起向外 200 米、普通国省道公路用地外缘起向外 100 米、县道公路用地外缘起向外 30 米、乡村公路用地外缘起向外 10 米）、铁路边（边界为铁路线路向外 100 米）、河边（边界为堤岸及护堤地）、山边影响环境面貌的脏、乱、差问题得到全面整治，"四边三化"长效机制基本健全，城乡居民环境保护意识和生活环境品质得到显著提高。

第二，深入推进"三改一拆"。

"三改一拆"、小城镇环境综合整治、美丽县城是 2017 年"美丽德清"行动的重要内容，是德清县补齐环境短板、加快经济转型升级的有力举措，也是提升城乡发展质量、增强人民群众获得感和幸福感的重要工程。目前，德清县已经完成"三改一拆"8788.63 万平方米，获评浙江省基本"无违建"县。典型如新安镇，围绕"一加强三整治"，投资 7130 万元，实施新安集镇沿街立面综合整治、市政改造、线路"上改下"、背街小巷整治等工程，实现"吴越勾垒、时尚新安"建设目标，并顺利通过省考核验收。完成下舍集镇小城镇环境综合整治收尾工程。德清县全域推进违法违章建筑"严控新、去存量、强利用"，完成拆除存量违法建筑 2017.36 万平方米，"三改"面积 6771.27 万平方米，整治主要道路"两路两侧"问题点 20150 个，城镇化步伐进一步加快。

第三，污水治理与环卫一体化。

2014 年 4 月，按照"统一保洁、统一收集、统一清运、统一处理、统一养护"的管理新模式，德清县城管执法局率先在德清钟管镇试点城乡环境管理一体化，并相继在全县铺开。2014年6月，德清县拨出1.3亿元专项资金，更新农村污水处理设备，完成了全县57个村污水的截污纳管，578千米的污水管网铺满全县，473座新建的污水终端治理设施遍布每个村的各个角落。如今，"一把扫帚扫到底"的城乡环卫一体化模式与"一根管子接到底"的农村污水处理"五位一体"长效运维管理机制，将县域农村打扮得格外清爽、亮丽的同时，也收获了国家生态县、国家文明城市、国家级园林县城……这一个个"国字号"荣誉。

莫干山劳岭村，家门口的水井盖下，铺着长长的污水管网。污水管网流到检查井后，经过初步沉淀、过滤，再流进污水处理池，然后完成二次生物过滤，达到排放标准，才会排到地里。五四村将厨房垃圾由保洁员统一收集到新建的村垃圾资源化利用站。经过4天的发酵处理，变成优质有机肥，供村民免费使用。莫干山镇在大力发展以民宿为代表的休闲旅游产业的同时，把治水工作放在重中之重。2017年该镇已基本消灭Ⅲ类以下水体，2018年对全镇3条问题河道、5个问题小微水体进行了集中整治，完成劳岭水库、田鸡冲山塘清淤工程，督促近100家7个房间以上的单个民宿安装独立生活污水处理设备。

德清县在习近平总书记"两山"重要思想指引下，立足于"千村示范、万村整治"的先发基础，坚持"一张蓝图管到底""一把扫帚扫到底""一根管子接到底"，变点上美丽为全域美丽；推进深化改革、乡村旅游、农村电商多管齐下，变美丽环境为美丽经济；推动农民增收多元化、公共服务均等化、基础设施一体化，变城乡二元为城乡一体，全力打造乡村美丽、三农活力、农民幸福的美丽乡村建设升级版，实现了从整治环境卫生到建设美丽宜居村庄，从提升生活品质到创造美好生活的阶段性跨越，真正走出了一条"绿水青山就是金山银山"的发展新路。

（四）推行垃圾分类景区村庄先行

在推进垃圾分类与循环利用工作中，德清县将景区村庄作为垃圾分类投放工作的重点，早在2017年率先启动A级景区村庄垃圾分类试点工作。三年以来，德清县A级景区村庄已全部实现垃圾分类投放，农村人居环境持续提升，切实促进了德清乡村旅游的蓬勃发展，全面提升景区村庄环境品质。德清县入选全国首批农村生活垃圾分

类示范县、省级餐厨垃圾资源化利用和无害化处置试点城市，实现农村生活垃圾分类
处理行政村全覆盖。

第一，强化宣传引领，进一步强化氛围渲染。

围绕县委、县政府的相关部署，各景区村庄积极响应垃圾分类工作的号召，引导
游客文明出行，开展形式多样的景区垃圾分类宣传活动。利用景区自媒体、电子触摸
屏、红管家驿站、游客服务中心等各类宣传媒体和宣传阵地，大力宣传垃圾分类。向
村民和游客发放垃圾分类倡议书，培养主客共建共享的垃圾分类意识，努力营造人人
自觉参与的良好氛围。莫干山镇出台《莫干山镇垃圾分类积分奖励办法》实施奖励，
在民宿及餐饮点实施分类垃圾定时定点收集、清运；启动民宿新"门前三包"制度，
充分调动民宿、农户垃圾分类积极性。庙前村（3A 级景区村庄）利用废弃景观大巴
低成本地改造成旅游公厕，并在大巴外表面喷绘垃圾分类宣传广告，通过各类实物案
例生动地向村民展示垃圾如何变废为宝，进一步丰富了旅游业态。

第二，以点带面推进，突出示范区引领作用。

三林万鸟园景区作为最早的试点，在景区内积极探索推行垃圾四分类，推行定时
收取、积分鼓励、先进劝导、公约治理的工作方法。开发垃圾分类研学旅游系列课程
活动。通过实施垃圾分类，村落环境得到改善，田园更加清洁绿色，旅游景点环境更
加清洁干净。景区可游览面积从原先的 300 亩白鹭漾湿地，扩展到全村域的 2000 亩。
真正实现景区村庄全域化联动。

第三，积极探索试行，智能管理和精准监督。

下渚湖街道依托二都村、上杨村、沿河村等景区村庄，建立景区村垃圾分类智慧
操作平台。上杨村购置智能垃圾分类设备，通过大数据平台，实现村民、旅游经营点
的垃圾分类智能化科学管理。新安镇高桥村结合垃圾智能分类投放，打通"垃圾分
类＋积分兑换"之路，通过垃圾的精准投放分类、可回收垃圾数量和参与垃圾分类公
益活动三种方式累计积分，累计积分可在积分兑换小屋进行商品兑换。同时进行积分
评比（评比机制），每季度在各小组评选出"垃圾分类小能手"给予一次免费体检的
奖励，年度积分排行榜前三的农户给予 2000 元的医疗包一个。积分兑换模式的开展，
让百姓的参与度速涨，形成了热火朝天的垃圾分类新局面。

五四村垃圾资源化利用站

（五）五水共治引领环境质量提升

德清县全面深化"五水共治"，启动工业（园区）集聚区"污水零直排"创建工作，在全国率先开展渔业养殖尾水全域治理，实现控断面水质好于Ⅲ类、县控以上地表水交接断面出境断面水质达标率、县级以上饮用水源地水质达标率三个100%。坚决打赢蓝天保卫战，实施工业挥发性有机物、扬尘、车船尾气、锅（窑）炉废气、餐饮油烟、城乡废气六大整治专项行动，2017年PM2.5年均浓度下降4.65%，空气优良率增幅和臭氧浓度降幅均列全省第一。推进土壤污染防治工作，土壤污染防治类危废及污泥处置设施建设项目稳步推进。德清通过治水育景、治水美村，让百姓尝到了生态甜头，尽享生态红利。德清被授予2017年度浙江省"五水共治"（河长制）工作优秀市县"大禹鼎"银鼎，是湖州市唯一摘得此鼎的县（区），浙江省仅三个县获此殊荣。

德清县全面建立河（湖）长制，全县1211条河道共明确河长1978名、湖长157名，并积极探索"跨界河长""民间河长""智慧河长"创新版。一是建立河（湖）长制从"有名"到"有实"的长效机制。依托河长制组织体系，系统建立河湖空间与事务的网格化管理模式，不断推动德清县"河（湖）长制"转型升级。进一步强化基层河（湖）长培训、履职、考核等有效管理全覆盖。完善渔业养殖尾水长效运维管控、优化"一把扫帚扫到底"城乡河道长效保洁体系，健全城乡生活垃圾分类、资源化利用处理和长效监管体系，推进东苕溪饮用水源生态补偿机制，初步建成管理规范、机制长效的河湖管理新格局。二是研究建立河（湖）长德清标准。全面实施河湖管理标准化，制定河湖管理专业技术标准，建立标准化河湖综合管护长效机制。依托地理信息、互联网、物联网、云计算、大数据等现代技术，深化智慧水利、智慧城管等综合系统建设，加快入河排污（水）口信息管理、河湖健康体检电子档案、无人船水质监测等子系统数据应用，不断完善水环境"一张图"管理模式。出台河（湖）长治理标准，探索成为全省乃至全国样本。三是全面助力乡村振兴。坚持以治水倒逼动能转换、推动高质量发展，打造农业产业兴旺、经济转型升级的新引擎。通过以水兴产，淘汰高耗能、高污染产业，聚焦信息经济、健康产业、高端装备制造，大力培育地理信息、通用航空等战略性新兴产业，实现腾笼换鸟、凤凰涅槃；通过以水兴游，培育以"洋家乐"为代表的精品民宿，打响"全域旅游"品牌；通过以水富民，建设产村融合发展的田园综合体，打造文化传承基地、彼岸田园景区等产业项目，全面助力乡村振兴。

（六）全域全面提升美丽河湖建设

对照实施乡村振兴战略的新要求，全面提升美丽河湖建设。德清县牢固树立山、水、林、田、湖、草是一个生命共同体的系统思维，以"河（湖）长制"为抓手，以安全、生态、美丽、富民为理念，全力打造自然生态美、科学治理美、人文景观美、体制机制美和农民幸福美"五合一"的人水和谐"大花园"。一是提高站位，绘好规划一张图。坚持以规划为引领，在项目建设，清淤疏浚、系统治理的基础上，不断创新规划理念，全面提高规划的科学性、实效性。高起点修编完善《德清县美丽河湖建设总体规划》，打造"西部自然风光、中部生态休闲、东部梦里水乡"相互辉映的美丽河湖格局。二是精准施策，画好点线面。按照《浙江省"美丽河湖"评定管理办法》要求，以苕溪水系和运河水系为主线，结合美丽乡村建设，融入文化保护和传承，重点提升"大美苕溪"和"水墨蠡山"两大特色示范河道，观音漾争创国家级美丽河湖，水梦苕溪争创省级美丽河湖，并将苎溪漾、万鸟园、下渚湖、洛舍漾等串点成线、连线成面，实现全域美丽。三是建设美丽河湖，助推乡村振兴。以助推美丽乡村，发展美丽产业为目标，依托十字港和湘溪流域项目后期建设，打造集安全、生态、美丽、富民于一体的乡村振兴综合体。利用技术手段，探索创新，改善新市水环境，让清水重新环绕古镇。并想方设法引入大量民间资本，在改善环境的同时发展农村产业。

七、文化挖掘，促进传承创新

（一）全面推动历史文化文物保护

第一，全面进行文物普查和历史梳理工作。

德清县第三次全国文物普查资料显示：全县共有 893 处（含莫干山风景区）不可移动文物落户国家"三普"数据库。893 处文物中，复查 382 处，新发现 511 处。按类别分为古遗址 138 处、古墓葬 76 处、古建筑 409 处、石窟寺及石刻 14 处、近现代重要史迹及代表性建筑 256 处。现有全国重点文物保护单位 5 处，省保 7 处，县保 73 处，文保点 287 处。一些乡镇如莫干山镇等，还在此基础上进一步详细梳理了自己的文物保护单位和历史发展脉络，从而在此基础上进行了旅游开发和营销推广。

第二，积极将文博元素植入全域旅游和城乡建设中。

在德清县委、县政府文化自觉的统领下，实现了城镇开发和文物保护的和谐共融。县文保所、博物馆围绕中心，服务大局，全体人员分片包干，将全县各乡镇的文化元素全面梳理后，起草了一份题为《如何在美丽城镇建设中体现文化元素》的报告。报告不但回答了城镇建设应该"有什么"，也回答了应该"怎么办"；有文物的地方，借助文物来体现文化元素；没有文物的地方，用文化痕迹来体现特色。该报告得到了德清县领导的赞同和支持，为美丽城镇建设中活化利用文物，体现文化元素指明了方向。德清"二都小镇"的建设中，县文保所、博物馆专家就文化标识的选择和现场施工指导方面提供了专业化的建议，使得最后形成以祠堂为中心，西面为防风文化主题广场，东面是古朴整洁且具本地特色的民房，南面是融入防风文化元素的二都老街及小桥流水的建筑格局。

德清县特别注重历史文化和现代文明的有效结合，挖掘乡土文化资源彰显魅力，在建设中融入了较多的乡土文化特色，不断提高农村文化的造血功能和自我发展能力，基本实现了"一镇一品牌、一村一特色、一路一景观"。其主要做法是：通过村史和县志，挖掘古今精英、历史名人的事迹，如省级文化示范村钟管镇钟管村，通过查找史料，投入150万元新建了130平方米的傅云龙纪念馆和700平方米的傅云龙雕塑主题公园，展示了本村历史名人——清光绪年间外交特使傅云龙的事迹、石刻及研究资料。

第三，助力旅游形象设计与产品定位。

通过文物普查，发现不少具有较高的历史、艺术、科学价值的遗址遗迹，像姚坞里原始青瓷窑址、鸡笼山原始青瓷窑址、安全山原始青瓷窑址、乾道桥、城山土墩墓葬群、黄郛史迹等，进一步可以开发其旅游观赏价值。德清文博专家指导新安镇新桥村建立"桥文化博物馆"，并提出"千亩方塘、古韵新桥"的村标，此外，在文博专家指导下的钟管镇曲溪村"曲溪湾潘氏中医外科博物馆"、新市镇宋市村"苎溪荡文化陈列馆"也成为德清全域旅游的重要旅游产品。此外，钟管镇蠡山村、下渚湖街道二都村、洛舍镇东衡村、新市镇白彪村都被评为首批省级传统村落，也吸引了大量的旅游者前来。

（二）促进非物质文化的活态利用

第一，重视非物质文化遗产的普查和记录工作。

作为浙江省非物质文化遗产普查的试点县，德清县一直以来非常重视非物质文化的保护与传承。从2007年9月开始，德清县共选调了200多名非物质文化遗产调查员，经过培训，按照"不漏村镇、不漏项目、不漏艺人、不漏线索"的要求，进行地毯式的普查，目前已经收集非物质文化遗产线索8900多条，完成非物质文化遗产18个门类2000多个项目的调查工作，并以现代科技设备立体采录300多个具备一定历史文化价值的项目，建立资料数据库，着手进行成果编纂，为下一步保护传承奠定基础。

目前，德清县入选国家级非物质文化遗产名录2项，入选浙江省级非物质文化遗产名录8项，入选湖州市级非物质文化遗产名录45项，入选德清县级非物质文化遗产名录 80 项，县级非物质文化遗产代表性传承人共 81 人，其中在世的县级非物质文化遗产代表性传承人 75 人。在非物质文化遗产的 10 个类别中均有项目与代表性传承人（表 2-7，图 2-9）。

表 2-7　德清县国家级和省级非物质文化遗产项目

入选省级项目名录情况		入选国家级项目名录情况		入选 UNESCO《人类非物质文化遗产代表作名录》
入选省级名录批次	省级名录对应的项目名称	入选国家级名录批次	国家级名录对应的项目名称	
第一批	扫蚕花地	第二批	蚕桑习俗（扫蚕花地）	中国蚕桑丝织技艺（扫蚕花地）
第二批	防风神话传说	第三批	防风传说	
第二批	新市蚕花庙会			
第二批	防风氏祭典			
第三批	乾元龙灯会			
第三批	蚕桑生产习俗（德清蚕桑生产习俗）			
第四批	舞阳侯会			
第五批	陆氏医验			

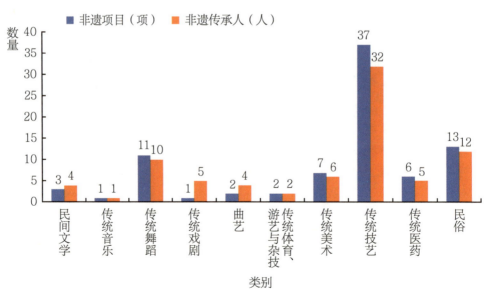

图 2-9　德清县县级非物质文化遗产项目与传承人的类别分布

"乾元龙灯会"省级代表性传承人童宝松

"中国蚕桑丝织技艺（扫蚕花地）"省级代表性传承人徐亚乐

扫蚕花地

防风氏祭典

第二，加大非物质文化遗产的扶持力度。

德清县出台《德清县非物质文化遗产代表性传承人政府津贴（补贴）暂行实施办法》等政策大力扶持非遗传承保护工作。德清县编辑出版了《德清县非物质文化遗产大观》，进行了文化梳理。传承人是非遗保护的核心，在服务传承人的基础上，德清发挥"民间设奖"效应，鼓励民间设立首个"非遗保护传承奖"。2016年编撰出版《火种——德清县非物质文化遗产传承人口述史》，以"人"为主线，以图文并茂的形式反映非遗传承人的传承故事。

"防风传说"——防风氏祠内壁画《防风踩湖泄洪》（吴文贤摄）

第三，突出非物质文化遗产的传承与"活"化。

德清县探索多种形式传播推广，让历史走入生活。德清县开展《德清非遗工匠》抢救性纪录与书籍《德清非遗匠人》的编撰，全面有力地推动非遗"三进"传承工作，此外还依托文化遗产开展遗产旅游、研学旅游和文创产品开发。近年来，不断加强与教育部门的合作，联合学校发动全县中小学生开展以"寻找身边的非物质文化遗产"为主题的活动，"我是民俗解说家"非遗宣传活动，发出保护我们身边的非物质文化遗产倡议书，开设非遗项目传习课等。据统计，平均每年举办展演、展示、讲座等非遗进校园活动20余次。

"探寻十个特色村落，寻访十幢传统民居，走进十所文化礼堂，传习十个非遗项目，评选十件优秀作品。"为了吸引更多的民众加入非遗队伍，德清以"五个十"为主要内容整合了莫干山水、孟頫故里、英溪源头、防风湿地、新市古镇5条线路，开展"走读德清非遗"年度系列活动。此外，还将非物质文化遗产积极转化成节庆

旅游产品和餐饮旅游产品。自1999年大规模举办新市蚕花庙会以来，至今已连续举办19届。2007年，新市蚕花庙会成功入选浙江省非物质文化遗产代表性项目名录；而"扫蚕花地"则被列为国家级非物质文化遗产。元宵到乾元看灯会，清明到新市赶蚕花庙会、到三合看龙舟表演，盛夏到雷甸、莫干山采摘枇杷、水果，秋季到三合寻防风、到武康看樊哙，冬季到筏头、新市等品"吉祥三宝"……已经成为系列节庆旅游。非物质文化遗产与餐饮结合也起到了良好效应。目前，莫干山大酒店荣获2个国家级特色餐饮（店）品牌称号、1个省级特色餐饮（店）品牌称号。

莫干山大酒店的非遗美食奖牌

（三）推动乡土文化与时俱进革新

第一，记录鲜活的德清乡土人文历史。

在德清近1800年的建县历史中，也涌现出一大批志在研究和传承地方历史文脉的有识之士和相关著作。为更好地保护尊重和传承地方优秀文化，2017年德清县委宣传部和文联组织多名作家编撰了《德清文丛》，将入选书籍进行汇总和梳理分类，再统一编辑形成丛书，保留和提供了高价值的史实资料。

第二，引导乡土文化的变革。

从德清县的乡村来看，乡村居民随着生活条件的提高，自然而然地摒弃了原有的古村落建筑风格的房屋，选择乡村所特有的二层至三层的小洋楼。而三九坞"洋家乐"秉持的理念是古色古香的乡村气息的建筑群，偏好选用木头、石头、竹子等天然建筑材料，一定程度上阻止了乡村发展的同质化进程，恢复和保护了乡村建筑文化。

乡村旅游发展后的景观更多地满足了旅游发展的需要，尤其是适应外国游客及高端游客的需求，突出了强烈的乡村旅游景观特征。所以整个德清的乡村旅游设施上注重在维持原有的乡村本色基础上，构造小溪、流水、石板桥、石子路、木板凳等乡村特色以及维护本地特色的原生态竹林。

此外，乡村旅游的嵌入使得乡土社会的生活圈扩大，村民逐步与外界建立联系，并且他们本身的生活圈子因为游客的加入，尤其外国创业团体的出现而被打破，至于他们本身也建立起团体、协会之类的社交圈。

（四）形成民宿文化实现管理输出

第一，进行大量的会议与实地考察接待，输出德清旅游的先进经验。

2017 年德清县启动全域旅游建设开始，先后举办了第二届"莫干论剑"——民宿经济高端论坛、上海·德清民宿大会暨莫干山洋家乐高峰论坛、2019 德清投资贸易人才洽谈会暨上海·德清活动周、首届莫干山国际民宿艺术节、游子文化节等多项会议交流活动。在关于民宿及旅游发展的论坛会议上，参会人员除了与专家学者对如何更好地打造探讨"旅游特色小镇"等问题进行深入探讨，也会展现德清乡村休闲旅游新业态，以及以"洋家乐"为主的德清乡村休闲旅游产品，提升德清旅游新业态品牌影响力。在最近三年内，多次接待国内外考察团前来考察、参观学习和交流，在此过程中输出了德清全域旅游和民宿发展的经验。

第二，成立民宿学院并且实现管理输出。

2016 年 5 月 10 日，国内首家关于民宿学习、交流、培训的学院——莫干山民宿学院在德清莫干山庾村文化市集揭牌成立。德清又一次在乡村旅游发展中开了先河。莫干山民宿学院的诞生，为莫干山及全国各地的民宿提供专业化的课程培训，为莫干山及全国各地民宿从业者提供交流的平台，为各地民宿爱好者提供学习莫干山民宿心得与经验的平台。莫干山民宿学院的成立为德清的民宿业带来了更多专业、敬业的综合型人才。本地优秀民宿业主，上海、杭州等地的优秀民宿管理者，以及德清旅游、农办、消防、环保等部门负责人都能参与到授课中来。外来考察取经的团队、想创业的民宿爱好者、本地业主都能在这里进行培训学习。

莫干山民宿学院成立

第三，莫干山民宿还实现了设计输出和经营管理输出的整个民宿文化输出。

莫干山民宿之一大乐之野进行轻资产输出。在安吉的第三家新店，就是通过业主委托运营的形式，资产和土地由业主负责，大乐之野只输出品牌和管理的模式，在股权上也只有20%。

2017年年初，千里走单骑、大乐之野、蕾拉私旅、过云山居、紫一川四家民宿品牌，发起"5+N"民宿集群战略。2017年11月，由借宿牵头的飞茑集、大乐之野、西坡、朴宿、过云山居5家民宿签约，开启崇左民宿集群。此外，在宁夏中卫打造了中国第一个民宿集群黄河宿集，引入西坡、大乐之野、墟里、飞茑集（蕾拉私旅）和千里走单骑5家头部民宿品牌，开启中国民宿集群时代。在这五家品牌之中，大乐之野和西坡便是从莫干山走出的品牌。显然，从莫干山走出去的民宿主、设计师、服务人员，遍布全国，传播着德清的发展理念与民宿文化，积极推动着中国民宿行业的迅速发展。

宁夏中卫的西坡

第三章

全域旅游推进深化改造

基层政府改革创新典范

第一节　德清模式之机制体制改革创新

一、全面深化改革提升政府的主导力

领导机制是体制机制创新的关键和核心。全域旅游发展因跨部门事务多、涉及产业面广，更需要顶层统筹和发展的全局观。自 2017 年启动全域旅游示范区创建工作以来，德清县全面深化旅游领域体制机制改革创新，构建了党政统筹的全域旅游领导机制，全面提升了政府的主导力。

（一）党政统筹全面推进全域旅游

2017 年，由县委书记、县长双组长，各相关部门为组员的全域旅游领导小组成立，全面统筹指导全域旅游的发展。县委副书记、县长王琴英特别强调，要以践行"两山"重要思想样板地、模范生的标杆姿态大力发展全域旅游，围绕着眼长远、着手项目、着力推进抓落实，奋力开拓全域旅游发展的新局面。在县全域旅游工作领导小组的领导下，进一步明确和发挥各成员单位的职能，强化旅游工作联席会议制度，定期研究和协调解决旅游业发展中的重大问题，确保各项重点工作落实到位。进一步加强旅游主管部门统筹协调全县旅游发展的能力，树立全县"一盘棋"的理念，切实形成部门、镇、街道、平台合力促进旅游产业发展。强化旅游产业发展绩效考核，加强督查督办工作，全力推动旅游产业发展，营造政府引导、企业主体、社会参与旅游发展的良好氛围。

（二）文化和旅游广电局管理升级

德清县文化和广电旅游体育局是 2018 年机构改革组建的新部门，为德清县人民政府工作部门。德清县文化和广电旅游体育局围绕县委、县政府"一五六"工作体系和"三进三服务"、融入长三角一体化要求，以人民对美好生活的需要为工作目标，以"服务中心、助推发展"为主线，立足新起点、展现新作为、谋求新突破，全力实施"六大助力行动"，构建县域文旅体融合发展新格局，为全县奋力当好高质量发展排头兵贡献力量。德清县文化和广电旅游体育局统筹协调全域旅游发展，指导全域旅游工作，在全面推进全域旅游工作中发挥了重要作用。

（三）重点项目设置机构统筹发展

根据全域旅游发展的重大项目推进需要，德清县进行了机构的设置与统筹，进一步保证了政府的主导力和组织机构的科学合理。2017 年 8 月根据莫干山创建国家旅游度假区工作推进的需要，德清县人民政府办公室印发了《德清莫干山国际旅游度假区管理委员会主要职责内设机构和人员编制规定》，设立德清莫干山国际旅游度假区管理委员会，与莫干山镇人民政府合署办公，机构规格为正科级。德清莫干山国际旅游度假区管理委员会是主管莫干山国际旅游度假区旅游发展的县政府派出机构。其主要负责：①贯彻执行国家和省、市有关旅游度假工作的法律法规和方针政策，拟定发展区域内度假产业的政策措施；②负责编制区域范围内旅游度假发展总体规划和产业计划，经批准后组织实施；③负责区域内投资促进、项目洽谈和全程服务工作；④负责组织度假区内的基础设施建设、项目土地政策处理项目建设管理工作；⑤负责协助县旅游行政主管部门开展旅游执法、行政许可、旅游安全工作；⑥负责度假区对外营销推广工作，做好度假形象策划、活动策划以及对外宣传工作；⑦承办县委、县政府交办的其他事项。德清莫干山国际旅游度假区范围内除上述职能外的村级组织建设、新农村建设、教育卫生、社会事务管理等职能事项仍由莫干山镇人民政府负责。

二、充分赋权增强基层组织的领导力

（一）村集体担发展主力谋划蓝图

德清县全域旅游发展的一个出彩点就是加强基层治理引领乡村复兴。这与在机制体制创新中德清县注重提升村级集体经济发展能力和全面加强基层组织经济基础保障的改革导向密不可分。长期以来，德清县一直重视乡村基层组织的主体作用，根据德清县的实际情况，2018 年 1 月，中共德清县委和德清县人民政府出台《关于进一步发展壮大村级集体经济的若干意见》。通过五年的努力，力争实现两个目标：一是到 2019 年，村集体经济经营性收入普遍超过 30 万元（经营性收入 30 万元以下的村确定为集体经济相对薄弱村，简称相对薄弱村），总收入 100 万元以上村占行政村总数 90% 以上；二是到 2022 年，村级集体经济再上新台阶，总收入 1000 万元以上的强村比例达到 10%，总收入 500 万元以上的富裕村比例达到 20%，经营性收入 50 万元以上的行政村比例达到 50% 以上。在发展途径中特别强调，鼓励村集体发挥当地自然风光、民俗风情、农业产业、地理位置等优势，结合美丽乡村建设、借力西部山区"洋家乐"、民宿等品牌效应，依托名山、湿地、古镇等自然资源基础，大力推进村庄景区化建设，打造一批 A 级景区及 3A 级景区。积极发展现代高效生态等休闲观光农业、休闲旅游、民宿等乡村旅游项目。注重开发地方小吃、土特产等独具地方特色的旅游产品，完善厕所、停车场等公共配套设施。

图 3-1　壮大村级集体经济的发展途径

（二）景区村庄建设助力全域旅游

村庄作为中国农村的最小单元，是乡村文化的发源地。村庄建设的好坏是衡量乡村振兴的重要指标之一，浙江省推行的万村景区化建设是实现全域旅游的重要措施之一。景区村庄的提法源于 2017 年浙江省第一次全域旅游与万村景区化工作推荐会，会议提出浙江省要大力发展全域旅游，实施万村景区化，到 2020 年要建成 10000 个 A 级景区村庄，其中，3A 级景区村庄 1000 个，并颁布了《浙江省 A 级景区村庄服务与管理指南》及评定细则、管理办法等文件。文件明确指出 A 级景区村庄是以村庄、社区及其村民或居民生产、生活范围为核心，以自然景观、田园风光、建筑风貌、历史遗存、民俗文化、体验活动、特色产品为主要吸引物，具有一定公共服务设施及旅游配套服务的区域。对于其评价主要从旅游交通、环境卫生、基础设施与服务、特色活动与项目、综合管理、游客满意度调查评价 6 个方面进行。在美丽乡村建设过程中，乡村交通、环境、基础设施与服务方面都有了翻天覆地的变化。随着乡村振兴战略的提出，未来乡村振兴将按照产业兴旺、生态宜居、乡风文明、治理有效、生活富裕目标推进。产业兴旺是乡村振兴的首要任务，其对于乡村经济结构的优化具有显著作用。与农业、餐饮业、贸易、加工业、文化产业、住宿业相辅相成，能有效推动这些产业的快速增长，与之形成良好的联动效应。

湖州市着眼深化乡村旅游发展和"乡村旅游品质创优行动"，以乡村旅游"产业发展、标准引领、发展高地"为重点，促进乡村旅游向集聚化、生态化、品质化、特色化、国际化、产业化"六化"方向发展。随着湖州市乡村旅游发展进入快车道，吸引着越来越多的市内外游人在湖州享受"采菊东篱下，悠然见南山"的乡村生活。

德清县根据村庄自身实际情况，明确景区村庄的产业定位、空间布局、旅游业态，通过"乡情、乡土、乡愁"的传承与发扬，使当地特色与旅游深度融合，形成差异化、多样化的发展格局，提升景区村庄的吸引力和品牌号召力。

在县域大景区建设方面，德清县出台了《德清县 3A 级乡村旅游景区创建实施办法》，帮助引导创建单位对照《旅游景区质量等级评定与划分》国家标准及评定细则，在规划编制、硬件设施投入、旅游资源开发、组织机构保障等方面进行全面提升，成效明显。德清县积极鼓励蠡山村等一批条件较好的旅游特色村创建国家 3A 级旅游景区。从规划编制、硬件设施投入、旅游资源开发、组织机构保障等多方面提出创建标准，给予创建指导和资金扶持。做好各个村旅游厕所的改造提升工作。按照国家 2A 级标准进行建设。新增部分通景公路沿线旅游道路标示牌。切实提升村庄景区品质和乡村旅游发展水平，切实推进美丽乡村建设成果转化为美丽经济，实现村级集体经济壮大、农民增收致富。

三、综合协调推动依法治旅危机应对

（一）综合监管推进旅游综合执法

德清县以维护旅游者和旅游经营者的合法权益为出发点，推进旅游监督管理体系建设，创新监督管理手段。全面完善旅游执法机构，成立县旅游行政执法大队，逐步构建县、镇（街道）两级旅游行政执法体系，健全旅游行政执法联动机制，由旅游部门牵头，交通、公安、质监、物价和市场监管等相关部门共同参与，加强旅游市场规范整治，加强对星级酒店、旅行社、A级景区等旅游企业的监督管理，严厉打击"黑社""黑导游""黑车""零团费""低价团"等行为，探索实施市场退出机制。积极倡导"诚信旅游"，加强文明旅游教育，完善旅游投诉、咨询职能，增加受理渠道和受理形式，推进依法治旅。加强旅游安全预警、培训和救援体系建设，营造安全、诚信、优质的旅游环境。

德清县以打造乡村振兴标杆县为契机，结合全域旅游发展，建立跨部门旅游配套设施建设机制。县林业局、原县旅委、莫干山镇等多部门出资共建了莫干山旅游集散（换乘）中心，并由县文旅集团负责运营。成立"厕所革命"工作推进领导小组，城乡统筹，推进全域旅游厕所新建、改建工作。建立林业局、水利局、建设局、文旅局等多部门通景公路推进协调机制，建成环莫干山异国风情观光线等通景公路及绿道等旅游配套服务设施。

（二）建立三级联动应急处置机制

德清县注重提高旅游突发公共事件应急处置能力，建立旅游安全管理长效机制，最大限度地减少旅游突发公共事件造成的人员伤亡和财产损失，保障旅游者的生命和财产安全，维护社会稳定。2018年，在已有的应急预案修订基础上，德清县出台《德清县旅游突发公共事件应急预案》，针对自然灾害、事故灾难、公共卫生事件和社会安全事件，进行各部门联动的应急处置机制，强力保障全域旅游的发展和整个社会的安定。旅游突发公共事件应对处置工作坚持以人为本、减少伤亡，分级负责、就近处置，整合资源、快速反应，及时报告、信息畅通的工作原则。德清县建立了县指挥部—指挥部办公室（旅委）—成员单位的三级应急工作机制。县旅游突发公共事件应急救援指挥部（以下简称县指挥部），由县政府分管副县长任总指挥，县政府办公室分管副主任、县旅委主任、县应急办主任任副总指挥。成员由县旅委、县应急办、县委宣传部、县公安局、县消防大队、县安监局、县民政局、县财政局、县国土资源局、县交通运输局、县水利局、县林业局、县卫计局、县外事办、县市场监管局、县气象局、县文旅集团、高新区办公室和各镇（街道）相关负责人组成。指挥部下设办公室，办公室设在县旅委，办公室主任由县旅委主任兼任。各旅游企业应设立旅游突发公共事件应急工作小组，由企业主要责任人担任组长，具体负责本单位旅游突发公共事件的应急指挥和协调处置工作。

四、行业自律机制促进旅游发展质量

（一）行业协会提升行业持续自律

随着乡村旅游的发展，作为行业自我管理的重要工具之一的协会开始出现。德清成立的休闲农业与乡村旅游行业协会等各式行业自律组织，由乡镇政府分管领导兼任负责人，各乡镇"农家乐"团体自发建立"农家乐"协会或"农家乐"服务中心，履行自我监管、自我服务职能，通过各级组织体系的建立，为农家乐搭建了一个良好的组织平台。2016年8月5日，由莫干山镇民宿经营业主自发组成德清县莫干山民宿行业协会。这是以"提升行业自律管理及服务水平，促进民宿持续健康发展"为宗旨的行业性社会团体，由莫干山镇人民政府和县民政局监管，成立初期有会员单位69家，其中常务理事单位7家，经过两年多的发展，截至2018年12月拥有会员106家，其中常务理事单位8家。

德清的行业自律组织走在全国前列的原因主要是随着产业的发展，行业内的企业与政府、行业企业、同行业内其他区域的企业已经形成一种生态群落的结构，逐渐形成一种增长联盟。从德清县政府提出建设莫干山国际旅游度假区的区域发展战略，通过"山上山下联动"开始，随着民宿个体向高门槛、规模化、综合性的产业方向演进，裸心、郡安里、Discovery 等度假区知名旅游连锁品牌陆续在集群内创业，借助这些集团企业的声誉进一步为莫干山在区外的产业界内形成"理性泡沫（rational bubbles）"。莫干山镇政府成立莫干山国际旅游度假区管委会、度假区建设开发有限公司和村股份经济合作社，创建村域景区、积极引入大型旅游综合体项目推动全域旅游的市场化与企业化转向，通过"山上"和"山下"、民宿和社区以及政府与企业的深度融合，逐渐形成"增长联盟"（growth coalitions），从更高的产业层次、管理水平和资本循环驱动莫干山旅游地由地方尺度突破介入全球资本循环链条。在民宿、相

关企业个体、景区、地方政府的协同推进下，民宿集群内不断进行路径创造，推动区域从民宿产业向多种主题旅游产业和民宿相关产业分叉，形成当前莫干山以民宿为优势种群，关联种群共生的具有明显结构层次的共生群落。这是德清县行业自律组织在全国的标杆性意义所在。

德清县莫干山民宿行业协会

（二）常态化活动助力高质量发展

无论是前期的休闲农业行业自律协会，还是德清县莫干山民宿行业协会都定期为民宿从业者进行培训辅导，为民宿从业者提供交流平台，不断夯实德清民宿旅游发展的智力支撑。尤其是定期培训"洋家乐"管理人员，以"红管家"促进洋家乐集聚区公共服务提升。这些行业自律组织先后举办了乡村旅游科普培训班、"农家乐"优质服务培训班、金牌厨师大赛、烹饪大赛、饭店技能大赛等各类培训和比赛，不断提升农家乐和乡村旅游从业人员的管理服务水平，并且加强落实旅游安全生产责任制，加强安全监管力度，定期开展各类安全检查，及时消除安全隐患，避免和减少各类安全事故及重大旅游投诉事件的发生。

德清县莫干山镇民宿行业协会致力于整合民宿业主资源，加大培训力度，提升服务质量，规范民宿经营行为，创建和谐发展空间，确定每年 10 月 23 日为莫干山民宿生态日，同时制定全国首个民宿行业自治公约——《莫干山民宿行业自治公约》，公约制度健全并执行良好。

全国首个民宿行业自治公约——《莫干山民宿行业自治公约》

第二节 德清模式之用地机制政策创新

土地制度是中国全面深化改革的重要内容，在全域旅游实施过程中，德清县积极推动用地政策的创新，勇于改革，打破土地对旅游发展的制约，促进全域旅游大发

展。2017年8月《德清县农业供给侧结构性改革集成示范试点方案》正式获省政府批复。根据批复文件，共有15项重点突破的专项改革试点项目，其中包括建设现代农业园区、推动"中央一号"文件政策集成示范落地、推进国家级"多规合一"改革试点、创建国家级现代林业经济示范区和国家级森林城市、打造国家级全域旅游示范县、打造美丽公路示范县、国家级现代水利示范区、积极创建省级渔业转型发展先行区等。这些专项改革试点为旅游用地机制政策创新奠定了良好的基础。全国著名的裸心谷项目是全省第一个点状供地项目，醉清风度假村是全省第一宗农地入市项目，破解了长期以来旅游用地规模大、供地难的问题。出台了《德清县重大旅游业项目用地管理办法》和《德清县农村宅基地管理办法（试行）》《德清县工业用地"退二进三"暂行办法》等多个涉旅的专项政策文件，一系列的改革大县红利持续释放，强有力地推动了德清的全域旅游高质量发展。

一、创新农地入市统一城乡市场

（一）全面推进农地确权登记发证

2015年12月底，德清县农村土地承包经营权确权登记颁证工作正式启动，科技新城的地理信息企业便开始了土地测量工作。利用无人机进行航拍、GPS地理位置定位仪等高科技设备，对全县农户的每一块承包土地进行精确测量，一并解决了以前村民量地靠的皮尺，面积不准、空间位置不明确、登记簿不健全等问题。这为德清县农村土地确权登记颁证工作的顺利推进打下了扎实的基础。现在，德清县对农业经营面积50亩以上、林业30亩以上流转经营权证100%发放。联动推进农村"一户多宅"专项整治和宅基地用益物权的确权登记发证，全县4459户"一户多宅"100%拆除，所有宅基地100%确权发证，所有农房100%完成测绘工作。按照集体资产所有权不变的原则，全县所有村（居）的集体经营性资产100%完成股份制改革，81家农村土地股份合作社和62家村股份经济合作社已完成工商登记。农村产权制度改革深入推进"三权到人（户）、权随人（户）走"，对农村土地（林地）承包经营权、宅基地用益物权、集体资产股权、农田水利设施所有权等进行全面确权，进一步明晰农村产权关系，保障进城镇落户的农村居民合法权益。

德清县出台全国首个基于"三权分置"的宅基地管理办法，颁发全国第一批宅基地"三权分置"证书。明确落实所有权，由村股份经济合作社作为集体土地所有权行使主体，村集体有权参与村土地利用规划编制，统筹管理"生产、生活、生态"空间。充分保障资格权，建立资格权认定、申请使用、有偿退出等机制，规定宅基地资格权原则上不得收回，给农民吃上"定心丸"。适度放活使用权，允许农户将一定年限的宅基地使用权转让、出租、抵押或用于合作开发，并以不动产权证书的形式将宅基地使用权物化下来，保障流转主体土地使用权利，促进乡村休闲旅游产业等农村新产业、新业态发展。

"三权分置"签约发证

（二）推进农地入市实施交易平台

针对原土地管理法关于"集体建设用地使用权不得出让"等法律限制，在试点任务框架内，出台实施《德清县农村集体经营性建设用地入市管理办法》等制度文件，系统解决入市主体确认、流程制定、收益分配等关键问题，允许存量农村集体经营性建设用地使用权出让、租赁、入股，实行与国有建设用地使用权同等入市、同权同价，创造了入市第一宗、登记第一证、抵押第一单三个"全国第一"。新修订的《土地管理法》第六十三条明确允许集体经营性建设用地能够以出让、出租等方式进行入市流转。一是坚持农民主体地位，分类明确"谁来入市"。根据集体经济组织的不同形态和土地所有权性质，确定了"镇、村、组"三类入市主体，其中镇集体由乡镇资产经营公司或全资下属公司实施入市，村集体由村股份经济合作社实施入市，村民小组可委托村股份经济合作社等实施入市。二是坚持集约高效利用，多规合一确定"哪些地入市"。全面摸清了 1881 宗、10691 亩的集体经营性建设用地存量底数，对照土地利用总体规划、城乡建设规划、产业发展规划和生态保护规划，确定符合就地入市地块 1036 宗、5800 余亩，其余纳入异地调整入市。截至目前，全县农村土地入市 223 宗，面积 1905.41 亩，成交总额 5.3 亿元，集体收益 4.27 亿元，惠及农民群众 22 万余人。洛舍镇东衡村通过异地调整入市预计带动 7 个经济薄弱村年收入增加 400 多万元，东衡村民股权从 2013 年的每股 600 多元增长至 2018 年的每股超万元。三是坚持市场配置资源，以"五统一"规范"怎么入市"。通过"五统一"构建城乡统一建设用地市场体系：将农村集体经营性建设用地与国有土地统一纳入县公共资源交易中心，修编城乡统一的建设用地基准地价和租金体系，实施招拍挂的统一公开交易形式，将集体经营性建设用地纳入不动产统一登记范围，按照全程 60 日办结目标实行统一的服务监管。四是坚持收益均衡共享，差别化落实"钱怎么分"。根据用地性质和范围，实行"按类别、有级差"的调节金收取方式，收取比例为土地成交价款的 16% ～ 48% 不等，该做法被原国土资源部与原财政部出台的《农村集体经营性建设用地土地增值收益调节金征收使用管理暂行办法》第六条吸纳。差别化落实集体内部入市收益分配，乡镇集体入市收益用于农村基础设施、民生项目等支出；村集体入市收益不直接分配，追加量化农户股权，年底享受收益现金分红，该做法被《浙江省农村集体资产管理条例》第二十七条吸纳；村民小组收益的 10% 作为村集体提留，90% 在组内公平分配，农民及农民集体收益大大增加。

德清县探索形成"一评估、二协商、三公告、四协议"征地流程，通过探索"地票、地息"方式建立宅基地"可进可退"机制，全县农村"三资"交易全部纳入县、镇（街道）、村、农户四级联动的产权交易平台。德清县通过产权交易平台的建设，深化农村产权制度改革，规范集体资产资源交易行为，统一实行农村综合产权交易中心挂牌交易，盘活集体资产价值。加快村集体经营性建设用地入市步伐，将现有村集体经营性建设用地组织入市交易，释放集体资产价值。德清农村产权交易示范平台获第四届浙江省公共管理创新案例十佳创新奖，农村土地制度改革等经验在全国复制推广。其中，深化土地征收"阳光工程"，建立明确的"一评估（社会稳定风险评估）、二协商（土地征收协议协商、补偿安置方案协商）、三公告（征地预公告、补偿安置公告、批后公告）、四协议（自然资源和规划局、镇街道政府、被征地村集体、农户签订土地征收协议和补偿安置协议）"征地流程，实现操作程序规范化、标准化、流程化，该做法被吸纳进新修订的《土地管理法》第四十七条。

（三）创新农村综合产权抵押贷款

1999 年，沈家墩村以集体的名义与 160 户农户签订合同，将 210 亩土地通过公开招标出租给养殖户搞规模经营。160 户村民则以土地"入股"的形式，每年每亩可享受 550 元租金分红。这样的"股票田"制度在全国属首创。"股票田"将农民潜藏着的创造性激发了出来，也开启了德清县农村综合产权抵押贷款等金融改革。德清县实施"新金改"，让"活权"生"活钱"。大力发展农村普惠金融，在全省首创多贷多存、多税多存的全部财政性存款激励扩大信贷融资制度，创新推行农村土地承包经营权等 19 项农村综合产权抵押贷款，完成全国首单农村集体经营性建设用地使用权抵押贷款，完成全市首笔农田水利设施所有权抵押贷款。目前，累计发放农村综合产权抵押贷款 7.41 亿元，其中农村土地承包经营权抵押贷款 2.83 亿元，农村集体经营性建设用地使用权抵押贷款 36 宗、9008 万元，德清大闸等 4 个水利设施所有权获批抵押贷款授信 3.4 亿元。

二、全面推进全域土地整治工作

德清把全域土地整治作为党的十九大乡村振兴战略落地生根和践行"两山理念"的重要平台，以全域土地整治三年行动计划为突破口，对农用地、建设用地、未利用地进行全面整治和开发利用，全力打造全域土地整治"标杆"县。目前全域土地整治工作已全面铺开实施，首批 37 个村已启动土地利用规划编制，边探索边实施 6 个行政村，拆旧 503 户，复垦 1025 亩，实现了良好开局。

（一）全域土地整治促进产业发展

德清县将全域土地整治作为打造乡村振兴标杆县的基础所在、关键所在，放到重中之重的位置，整体谋划，系统推进。制定出台《德清县关于开展全域土地综合整治助推乡村振兴的实施意见》，召开县、镇（街道）、行政村三级联动的千人视频动员大会，县委常委会议、县委书记办公会议、县政府常务会议多次听取专项工作汇报，成立专项工作领导小组，由县委、县政府主要领导担任组长，36 名相关部门、镇（街道）主要负责人为领导小组成员，负责统筹协调工作整体推进。德清县牢牢把握农业供给侧结构性改革集成示范、农村土地制度、农村产权制度和新型城镇化等改革试点良好机遇，实现了全域土地整治大格局。

德清县积极探索做好"土地整治＋产业发展"文章，利用农村建设用地"流量"，优先保障中心村建设、文化大礼堂等配套用地，重点扶持集农业生产、田园风光、农事体验、生活研修等为一体的休闲农业和旅游示范项目，为农村产业融合发展预留用地空间，推动一二三产业融合发展，助推农业农村现代化，累计发展壮大农村产业项目 156 个，拉动投资达 38 亿元。

（二）规划统筹优化三生用地布局

以开展新一轮土地利用总体规划编制试点为契机，将全域土地整治纳入本轮土地利用规划（2018—2020 年）内容统筹，统筹各类规划，发挥对全域空间资源统筹管理的"一盘棋"作用，实现城乡发展从注重"增量"转向"存量"。把编制的规划、计划变成现实，积极通过市省验收，释放全域土地综合整治的红利，以此最大限度上缓解县域经济社会发展土地要素保障的压力。同时，按农业农村现代化和新型城镇化的要求，在 37 个有全域土地综合整治潜力的行政村科学有序开展村土地利用规划编制工作，确定全域整治功能区，明确功能区主要整治方向及整治内容，全面优化农村生态、生活、生产用地布局。统筹推进高标准农田建设、宜耕土地开发、农用地整理、建设用地复垦、低效用地再开发、废弃矿山综合利用治理等各项工程。采取以点扩面、上下联动、区域统筹的模式，创新整治途径修复生态，实施建设用地复垦农用地；创新整治技术变废为宝，采用"削峰填谷"平整场地、耕作层表土剥离循环利用、"移土培肥"提升地力"三步法"实施废弃矿地造水田；创新整治模式提升成效，实施复垦带开发；创新整治机制巩固成果，实施"五项制度"和"五级验收"。全域土地整治耕地质量切实得到了提高，累计实施农村土地综合整治项目56个，拆旧复垦面积7329亩，打造农村新社区63个，集聚农户4875户，完成矿地造水田3786亩，完成高标准基本农田建设19.3万亩。

三、创新旅游用地政策保障供给

（一）出台重大项目用地管理办法

为促进德清县旅游业健康发展，进一步规范旅游业项目用地管理，鼓励县内外的资金、品牌、技术、人才向旅游业集聚，推动全县经济转型升级，德清县出台《关于印发德清县重大旅游业项目用地管理办法的通知》（德政办发〔2015〕138号）。符合国家产业政策和《德清县旅游发展总体规划（2013—2030年）》的高档宾馆、度假村、旅游休闲、健康、养生类产业项目，同时符合：①固定资产投资5000万元以上，投资强度中心城市Ⅱ级（含Ⅱ级）以上区域内不低于200万亩，其他区域不低于160

德清县人民政府办公室文件

德政办发〔2015〕138号

德清县人民政府办公室关于印发
德清县重大旅游业项目用地管理办法的通知

各乡镇人民政府，县府直属各部门：

《德清县重大旅游业项目用地管理办法》已经县政府同意，现印发给你们，请认真贯彻执行。

德清县人民政府办公室关于印发德清县重大旅游业项目用地管理办法的通知

万亩；②项目建成后亩均税收产出中心城市Ⅲ级（含Ⅲ级）以上区域内不低于 12 万元，其他区域不低于 10 万元，可以给予加大用地保障、实行差别地价和严格产权管理等方面的政策倾斜。德清县鼓励符合条件的项目积极申报"坡地村镇"型旅游项目，允许按照"点状布局、垂直开发"模式开发利用土地。鼓励盘活城镇低效用地，充分利用原有土地等存量资产兴办旅游项目。裸心谷、裸心堡、竹隐舍得等一批重点旅游项目建设用地需要得到有效保障。

（二）整治低效土地促进合理配置

德清县为进一步提高土地资源节约集约利用水平，保障经济社会持续健康发展，坚持最严格的耕地保护制度和最严格的节约用地制度，实施新增建设用地与内涵挖潜相结合的用地保障方式，结合"三改一拆""空间换地""腾笼换鸟"等工作，积极创新完善土地管理机制，全面推进城镇低效用地再开发，优化产业结构，统筹城乡发展，改善人居环境，促进经济转型升级，努力以较少的土地资源消耗，推动德清县经济社会可持续发展。

对于城镇低效用地再开发中涉及的零星新增建设用地（包括边角地、夹心地、插花地等），如符合土地利用总体规划和城乡规划，可以统一纳入改造，并纳入土地利用年度计划，按规定办理农用地转用、土地征收等用地报批手续，或按照城乡建设用地增减挂钩政策执行。德清县有效运用城乡建设用地增减挂钩政策，促进土地要素有序流动和合理配置，构建旅游用地保障新渠道，先后为裸心堡度假村、江南瑶坞、竹隐舍得等项目划拨调整，保障项目用地。同时，在再开发过程中，对工业企业通过"退二优二"提高容积率的，不增收土地价款；对工业企业通过"退二进三"兴办"三产"等服务业，可保留其工业用途不变，经建设规划、国土资源部门批准后使用，并按规定缴纳国有土地年收益金；对工业用地用于商服用途并分割销售的，应当按幢或层作为最小分割单元销售，分割销售的建筑面积不得超过再开发后总建筑面积的30%，房产证和土地使用权证可按相应分割单元办理，并在土地出让合同中予以约定；用于公共管理与公共服务用地的，可以依据具体用途按划拨或协议出让方式办理土地供应手续。

（三）探索坡地村镇等多途径供地

德清县通过"坡地村镇"、农村集体经营性土地入市、城镇低效用地再开发等方式，保证了重点旅游项目土地指标及时得到全面保障。

浙江省立足全省土地资源禀赋和优势，通过优化城乡土地利用结构和布局，转变土地利用开发方式，在深入推进低丘缓坡"台地产业"建设用地试点的基础上，积极开展低丘缓坡"坡地村镇"建设用地试点工作，实施建设项目用地"点状布局、垂直开发"，将具备开发建设条件的山坡地块开发为城镇建设用地、农村建设用地、旅游观光建设用地及绿色产业建设用地，减少各类建设对平原优质耕地的占用，建设一批"房在林中、园在山中"的以山、水、林、田、城为一体的生态型村镇和产业园区，促进新型城镇化、新农村建设和城乡统筹发展，探索一条"保护与保障并举"的土地利用管理路子。德清县被列入全省"坡地村镇"项目试点县，先后有裸心堡、竹隐舍得、宝塔山休闲度假村、龙胜中心村、御溪上境生态旅游度假区、江南瑶坞风景旅游度假区等 13 个重点旅游项目通过申报"坡地村镇"获得建设用地保障。通过探索农村集体经营性土地入市政策，9 个重点旅游项目获得建设土地指标。结合旅游业发展，"坡地村镇"试点项目政策为德清县合理有效利用坡地资源带来了新契机，能有效减少城乡建设占用耕地，实现保护耕地、保障发展和改善生态的有机统一。

同时，莫干山镇积极探索建立"旅游标准地"。2017 年 8 月，德清开始出现"标准地"的国有建设用地使用权出让，把每一块建设用地的规划建设标准、能耗标准、污染排放标准、产业导向标准、单位产出标准等给予明确，带地一起出让。德清县作为"标准地"改革试点先行区，多项改革措施被采纳，推动该县"标准地"改革经验在更大范围复制推广。"标准地"改革既有利于厘清政府和市场的关系，更有利于土地节约集约利用，培育壮大产业集群，最终达到推进高质量发展目标。2019 年全国首个"标准地"省级标准《企业投资工业项目"标准地"管理规范》正式发布，并在全省范围内实施，也标志着德清县"标准地"经验升为省标，特别是德清县出让前区域评估、"标准地"+ 承诺制、信用监管、联合奖惩等多个环节的内容被该管理规范采纳，为全省地方标准的制定提供了宝贵的经验。截至 2018 年年底，德清县共推出

"标准地" 73 宗、4041 亩，争取到省级唯一 "标准地" 企业投资项目信用监管试点，率先出台信用监管实施细则和奖惩办法。目前德清县的 "标准地" 逐步向商服、旅游用地覆盖（表 3-1）。

EDQD01—2015—0008

德清县人民政府办公室文件

德政办发〔2015〕136 号

德清县人民政府办公室关于印发
德清县农村集体经营性建设用地使用权出让
规定（试行）等若干规定的通知

各乡镇人民政府，县府直属各部门：
根据《德清县农村集体经营性建设用地入市管理办法（试行）》（德政发〔2015〕30 号）精神，制定了《德清县集体经营性建设用地使用权出让规定（试行）》等 5 个文件，已经县政府同意，现印发给你们，请认真贯彻执行。

附件：1. 德清县农村集体经营性建设用地使用权出让规定（试行）

—1—

EDQD00—2015—0006

德清县人民政府文件

德政发〔2015〕30 号

德清县人民政府关于印发
德清县农村集体经营性建设用地入市管理办法
（试行）的通知

各乡镇人民政府，县府直属各部门：
《德清县农村集体经营性建设用地入市管理办法（试行）》已经县政府同意，现印发给你们，请认真贯彻执行。

德清县人民政府
2015 年 8 月 13 日

—1—

德清县人民政府文件

德政发〔2014〕17 号

德清县人民政府关于
公布德清县基准地价更新成果的通知

各乡镇人民政府，县府直属各部门：
为进一步深化土地使用制度改革，切实加强基准地价政策的宏观调控作用，促进土地市场的规范、有序发展，根据《土地管理法》等有关法律法规的规定以及《浙江省基准地价更新管理实施意见》要求，我县已完成基准地价更新工作。更新成果已经省国土资源厅批准，现予公布，并将有关事项通知如下：
一、基准地价是指在城镇规划区范围内，对现状利用条件下不同级别和不同均质地域的土地，按照商业、住宅、工业等用途，分别评估确定的第一估价期日上法定最高使用年期土地使用权区域平均价格。本次公布的基准地价更新成果是以《城镇土地分等定级规程》、《城镇土地估价规程》为指导，以土地级别、商业

中共德清县委办公室文件

德委办〔2015〕44 号

★

中共德清县委办公室　德清县人民政府办公室
关于建立农村土地民主管理机制的实施意见
（2015 年 8 月 20 日）

为夯实农村土地管理基础，落实最严格的耕地保护制度，促进农村土地节约集约利用。根据《中华人民共和国土地管理法》、《中华人民共和国城乡规划法》、《浙江省人民政府办公厅关于规范农村宅基地管理切实破解农民建房难的意见》（浙政办发〔2014〕46 号）及《浙江省国土资源厅关于开展农村土地民主管理试点工作的通知》等法律法规及有关文件要求，结合我县实际，现就建立农村土地民主管理机制提出如下实施意见。

—1—

相关文件

表3-1　德清县旅游项目的坡地村镇供地情况

序号	项目名称	类型	涉及镇（街道）	总投资（亿元）	建设内容	项目用地情况			
						项目总面积（亩）	征收面积（亩）	征收农转面积（亩）	只征地不农转面积（亩）
1	德清县莫干山镇裸心堡度假村	2015列入	莫干山镇劳岭村	2.5	建成城堡旧址复建，民房改造和新建区块（树顶套房、活动中心、水疗村、接待大堂、后勤用房等），共有95间客房	450	35.7645	11.895	23.8695
2	德清县歌林小镇（二期）	2015列入	阜溪街道郭肇村	15	建设极具田园风情的休闲农业旅游区，集农业旅游观光为一体的民宿557栋	1346.3835	323.9455	90.4755	233.47
3	德清县龙山旅游度假村（二、三期）	2015列入	阜溪街道龙山村	2.6	建成集精品酒店、观光田园区、生态茶园区于一体的旅游度假区	600	179.3995	38.5995	140.8
4	莫干山竹隐舍得	2016列入	莫干山镇筏头村	7	建成169栋客房、一条艺术家文化街等	800	122.613	67.0875	55.5255

序号	项目名称	类型	涉及镇（街道）	总投资（亿元）	建设内容	项目用地情况			
						项目总面积（亩）	征收面积（亩）	征收农转面积（亩）	只征地不农转面积（亩）
5	御溪上镜休闲度假村	2016列入	莫干山镇四合村	5.8	建成客房76栋（包括一室至四室7种户型，共200余间套房）及接待中心、餐厅、禅修室、茶室、泳池、温泉、SPA、健身瑜伽等多种公共建筑和娱乐设施	786.783	129.085	37	92.085
6	宝塔山休闲度假村	2016列入	下渚湖街道宝塔山村	6	建成空间错落有致、竹林和各种植被环绕的度假屋组团，着力打造集观光休闲度假为一体、建筑与自然高度融合的生态旅游综合体	460.788	313.8075	133.8075	180
7	江南瑶坞风景旅游度假区	2016列入	莫干山镇瑶坞村	9.68	建成大斗坞治愈公园、小斗坞亲子乐园、云顶空中花园酒店、斗坞小镇、梅竹坞颐养家园、北斗天路等几大功能片区	570.261	163.638	79.2345	84.4035

续表

序号	项目名称	类型	涉及镇（街道）	总投资（亿元）	建设内容	项目用地情况			
						项目总面积（亩）	征收面积（亩）	征收农转面积（亩）	只征地不农转面积（亩）
8	龙胜中心村安置小区	2016列入	阜溪街道龙胜村	0.65	建成坡地住宅158户以及老年活动中心、幼儿园、展示馆等公共配套建筑	165	157	157	0
9	原乡梦溪湖度假村	2017列入	武康镇五四村	5.5	计划打造一个以梦溪湖的山色水景为底，以生态养生文化为主题，集生态养生、休闲度假、健身娱乐、假日农场等功能为一体的精品酒店度假屋	170	67	31	36
10	外国语学校	2017列入	莫干山镇劳岭村、何村村	3.43	本项目为寄宿制普通高级中学，共布置高中教学楼、实验楼、行政楼、食堂、体育馆、艺术楼、接待中心、宿舍楼、地下汽车库、门卫室及运动场地	166	166	97	69

续表

序号	项目名称	类型	涉及镇（街道）	总投资（亿元）	建设内容	项目用地情况			
						项目总面积（亩）	征收面积（亩）	征收农转面积（亩）	只征地不农转面积（亩）
11	千里走单骑	2017列入	莫干山镇庙前村、紫岭村	3	建筑主要包括艺术精品酒店、匠人村、餐厅等功能，以及相关的配套服务设施，以文旅小镇之名，打造15家艺术酒店及民宿	324	68	38	30
12	兔宝宝互联网家居生活体验中心	2017列入	莫干山镇燎原村	5.5	项目为"一核两园多组团"，其中一核为兔宝宝文化商业区、两园为生态公园、农夫果园、多组团为高端度假酒店、兔宝宝亲子乐园、兔宝宝智能健康家居实景体验区	690	184	66	118
13	莫干山郡安里度假区二期	2017列入	莫干山镇高峰村	5.31	主要用于建设度假酒店建筑主体、客房以及其他配套设施	406	128	30	98

第三节　德清模式之旅游投资体系创新

一、设立全域旅游发展专项资金

为了促进旅游业的发展，德清县在财政预算中每年单列旅游发展专项资金。2017年安排旅游发展专项资金3000万元，2018年旅游发展专项资金预算3000万元。2019年，县财政安排旅游发展专项资金3000万元。通过财政资金的引导作用，加快了德清县国家级全域旅游示范县创建和中国国际乡村度假旅游目的地建设，推进了旅游业在持续平稳中取得较快发展。2019年全年旅游发展专项资金支出1920.37万元，主要用于政策扶持、宣传促销、信息化建设与维护、行业管理方面、项目建设和转移支付支出六个方面（表3-2）。

表3-2　2019年德清县旅游专项资金的支出情况

序号	项目名称	实际支出（万元）
1	旅游发展专项（项目建设）	124.86
2	旅游发展专项（政策扶持）	984.34
3	旅游发展专项（宣传促销）	403.12
4	旅游发展专项（行业管理）	123.88
5	信息化建设与维护	84.17
6	旅游发展专项（转移支付）	200.00
	合计	1920.37

二、统筹部门资金共建全域旅游

（一）"两山"建设财政专项激励资金

根据浙江省相关文件，德清县人民政府印发了《关于报送"两山"建设财政专项激励政策实施方案的报告》（德政〔2017〕22号），德清县财政局和德清县环保局分别配套出台了《德清县环境保护专项资金管理办法的通知》（德财建〔2017〕163号）及《德清县"两山（二类）"建设财政专项激励资金项目管理办法的通知》（德环〔2017〕38号）。2018年度"两山（二类）"建设财政专项激励资金计划安排18714.48万元，实际到位资金19484.92万元。其中水产养殖尾水处理2164.6万元、绿化造林及美丽林道工程4000万元、德清县美丽乡村升级版建设工程5710万元、河道清淤工程1000万元，新市镇美丽城镇建设项目1000万元、城乡生活垃圾分类收运处置工作4750.32万元、餐厨垃圾收运处置购买第三方服务360万元和二都小镇二期建设工程500万元。

（二）服务业强县试点支持项目资金

2016年浙江省启动服务业强县（市、区）培育工作，并公布首批24个服务业强县（市、区）试点地区，德清县被成功列为9个Ⅱ类地区服务业强县试点之一。对列入试点地区，浙江省发展改革专项资金将集中支持服务业强县（市、区）培育工作，对符合条件的服务业重大项目，优先列入省重大产业项目库，予以新增用地指标奖励。为促进各服务业强县地区赶超发展，浙江省下达服务业强县地区专项资金，用于服务业重点项目建设。经过公开申报、专家评审、公示无异议，2017年莫干山旅游集散中心、科技新城人才公寓两个项目分别获得200万元、160万元的专项资金支持。2018年，为支持省服务业集聚示范区建设，加快推进省服务业重大项目建设，省服务业强县试点地区德清县2018年重点支持联合国全球地理信息管理德清论坛会址项目获得300万元资金支持。

（三）基层公共文化服务建设资金

从 2012 年开始，德清县每年有专门的财政资金支持基层公共文化设施建设，并出台了《德清县基层公共文化服务建设专项补助资金管理办法（暂行）》，对公共文化设施建设项目、文化信息资源共享工程服务提升项目和其他公共文化服务项目进行专项资金补助。2019 年，县财政安排基层公共文化服务建设专项资金 1000 万元，通过财政资金的引导作用，加快了德清县公共文化服务建设，推进了德清县文化业在持续平稳中取得较快发展。2019 年全年专项资金支出 999.8 万元，项目支出包括：其一，星级文化礼堂评定；其二，乡镇文化站；其三，非国有博物馆建设补助，如乾元文史馆、阜溪农耕博物馆获得相应的补助；其四，基层文化建设补助，包括补助庙前村加强综合文化基层设施配套、阜溪街道城市书房补助和特色图书分馆建设等方面。

根据基层公共文化服务建设申报情况，参照《德清县基层公共文化服务建设专项补助资金管理办法（暂行）》，德清给予免费开放补助、临时展览补助、建设项目补助和陈列展览补助不同的补助金额（表 3–3）。

表 3–3　德清县基层公共文化服务建设专项补助资金分类

类别	补助标准
免费开放补助	参考《德清县扶持非国有博物馆专项资金管理办法（修订）》第二章第七条第三款规定：全年免费开放日超过 250 天的，根据实际展览面积，400 平方米以上的给予 3 万～ 4 万元 / 年的补贴；300～400 平方米的给予 2～3 万元 / 年的补贴；100～300 平方米的给予 1 万～ 2 万元 / 年的补贴。 根据《德清县扶持非国有博物馆专项资金管理办法（修订）》第四章第十二条"德清县域内的乡镇、村办博物馆参照本办法，酌情予以补助"。建议按照展览面积、展览时间分别给予 4 万元、3 万元、2 万元、1 万元补助。
临时展览补助	根据《德清县扶持非国有博物馆专项资金管理办法（修订）》第二章第七条第四款规定：非国有博物馆举办临展、引进特色展览的，根据展览规模（小型为 30～50 件，中型为 50～100 件，大型为 100 件以上）、展览质量和社会影响力，经备案和考核认定，展览费用分别给予 30%、40%、50% 补助，最高不超过 2 万元、4 万元、6 万元补贴。

续表

类别	补助标准
建设项目补助	新建馆舍的，经评审认定，博物馆展厅面积 400 平方米以上的，对投资（投资额不包括藏品、展品投资、布展设施，下同）在 300 万元及以上的，按展厅面积给予 1000 元／平方米补助，最高补助 80 万元；投资在 100 万～300 万元的，按展厅面积给予 900 元／平方米补助，最高补助 50 万元；投资在 100 万元以下的，按展厅面积给予 800 元／平方米补助，最高补助 20 万元。 利用现有建筑物设立博物馆或改建、扩建馆舍，根据文化部门认定的实际展览面积，按 400 元／平方米予以补助，最高补助不超过 20 万元。
陈列展览补助	非国有博物馆初次布展或更新基本陈列，经评审认定，按照陈列布展费用的 50% 给予补助，最高不超过 20 万元／次。申请更新基本陈列补助的，必须距上次获得基本陈列补助五年以上。

三、出台旅游发展奖励补助政策

（一）县级旅游项目优质企业奖励

德清县制定出台了《德清县人民政府关于促进旅游业加快发展的若干意见》（德政发〔2014〕44 号）和《德清县人民政府办公室转发县旅委关于德清县促进旅游业

《德清县旅游企业考评奖励办法（试行）》

加快发展相关实施细则的通知》(德政办发〔2016〕151号),积极引进"大好高"旅游项目。对实际投资额在5000万至20亿元(含20亿元)的旅游项目(不含房地产),给予30万~200万元奖励。德清县2018年列入省市重点旅游项目共计19个,均保质保量完成项目推进年度计划。对久祺国际骑行营(一期)项目兑现政策奖励30万元。此外,德清县出台《德清县旅游企业考评奖励办法(试行)》德旅发〔2017〕27号进行相应的奖励。

(二)街道乡村旅游项目奖励资金

德清县的部分街道为了促进全域旅游发展,推动投资项目的优化升级,积极出台相应的奖励办法。其中在服务业的奖励中对星级饭店、景区和农家乐给予奖励。《舞阳街道关于聚焦项目双进加快经济转型升级考核奖励办法》(德舞委发〔2016〕26号)和《阜溪街道关于推进"聚焦好项目 培育新动力"行动考核奖励办法》(德阜委发〔2016〕7号)文件中均明确规定了如下奖励:①争创品牌奖励。新评定为五星级、四星级、三星级的饭店,分别给予5万元、3万元、1万元的一次性奖励;新评定为5A、4A、3A、2A级的旅游景区,分别给予5万元、3万元、2万元、1万元的一次性奖励;②对新获得省"农家乐"休闲旅游特色村的给予3万元的一次性奖励,新获得省级"农家乐"休闲旅游示范点或四星级(含)以上"农家乐"的给予1万元的一次性奖励,新获得市级"农家乐"休闲旅游示范点(户)或三星级"农家乐"的给予0.5万元的一次性奖励,新获得县级"农家乐"休闲旅游示范点(户)或二星级"农家乐"的给予适度奖励。

(三)及时出台政策应对突发事件

针对突发性安全事件和卫生事件,德清县综合统筹,推进全域全产业发展。2020年2月21日,为缓解当前遭受疫情冲击的文化旅游体育行业困境,支持和帮助文旅体企业平稳发展,德清县文广旅体局经研究制定《关于应对疫情支持文旅体企业平稳发展的十条意见》。德清县在全域旅游发展专项资金中设立文旅体行业重振专项经费,用于配套上级对文旅体企业应对疫情的各类奖补资金,以及贷款贴息、行业补助等。

这个政策的出台及其全域旅游的工作机制在全国都有示范意义。从 2020 年 2 月 28 日起，《德清县人民政府关于应对新冠肺炎疫情支持民宿产业发展的政策意见》正式实施，这是国内出台的第一个专门针对民宿业的扶持政策，以加大财政支持、发放消费礼包、实行能耗补贴、补助社保缴纳等一系列举措，鼓励、支持民宿业在做好疫情防控前提下恢复"元气"。

《德清县关于应对疫情支持文旅体企业平稳发展的十条意见》

一、减轻企业负担

1. 全方位向文旅体企业宣传中央、省、市、县支持旅游企业共渡难关的政策，切实扩大政策的知晓度和影响力，做到文旅体企业应知尽知。指导协助受疫情影响的文旅体企业享受省、市、县各项支持政策，在信贷利率、房租税费、用工保障、水电气、社保费率优惠等方面予以协调对接，做到应享尽享。优化审批服务。2020 年 6 月底前，对各级文物保护单位保护区划和地下文物埋藏区以外占地 5 万平方米以上的一般企业投资项目，实行承诺制前置审批。

2. 疫情期间，对积极参加防疫工作和提供资源保障的旅游饭店、民宿（农家乐）等，予以一定的补贴。

二、加大金融支持

3. 优化德清县 2020 年度全域旅游发展专项资金补助方向和审批拨付手续，分批次向企业快速拨付奖补资金。

4. 对文旅体企业为应对疫情、复工发展而新增贷款在 2020 年度产生的利息予以部分贴息补助。

5. 全力组织旅行社做好暂退部分旅游服务质量保证金，用于日常运转。协调保险机构对实行退单退款的旅行社等旅游企业予以优先处理，做到应赔尽赔。

三、加强用工支持

6. 对疫情期间关停的文旅体企业，鼓励通过网络业务培训、在线打卡学习等方式进行自我提高。对在停工期间组织员工参加各类线上职业培训并取得国家职业资格证书或相关合格证书的，按规定给予职业技能提升补贴。鼓励文旅体企业自行外出招聘，予以交通、食宿等补助。对文旅体企业招引的人才，集中免费开展从业培训、轮训。

四、加大运营支持

7. 鼓励全县A级景区、星级饭店、旅行社、民宿（农家乐）、产业融合基地等文旅体企业推出形式多样的打折优惠政策，用于刺激疫后旅游消费、提振市场信心，对于出台优惠政策的企业加大奖补力度。对文旅体企业等地接组团、招揽过夜游客的，加大奖励力度。支持现有景区、度假区、酒店、民宿提档升级，对改造基础设施、开发新业态的重点项目给予资金扶持。

8. 支持文旅体企业创先创优，鼓励企业积极参加县级以上行业技能比赛，提高奖励额度，所需经费由我局统一支付，减少企业支出。

五、加强推广支持

9. 调整并加大景区旅游套票奖补政策。积极组织A级景区、民宿（农家乐）、文旅体企业等参加省市县文旅体部门组织旅游推销、"疗休养"旅游推荐、文旅体交易会等活动，予以展位、交通、食宿等补助。开展德清景区"德清人免费游德清"活动，深化"职工疗休养本地行"项目，制定2020年度机关单位、事业单位、企业本地职工疗休养向民宿倾斜的政策。

10. 加大文旅活动力度。持续推进非遗项目、文创产品等文化资源进景区、民宿（农家乐），丰富消费内容。组织并鼓励旅游企业参与民宿感恩周、莫干山民宿节、上海旅游周等线上营销、线下推广活动。推出1000万元旅游消费券，推动德清旅游业的疫后振兴发展，参照旅游节庆投入标准予以补助。县内体育产业企业举办体育活动或赛事带动旅游产业发展，使用场馆、场地的，费用予以优惠。

四、建立国有旅游产业发展平台

（一）首批"三权分置"抵押贷款授信

德清县在全国敲响了"农地入市"第一槌，创造了集体经营性建设用地到银行抵

押第一单。

改革进行到当下，农村土地制度改革已进入深水区、攻坚期，特别是农村宅基地制度改革是最难啃的"硬骨头"。中央对农村土地制度特别是宅基地管理制度改革提出了新的要求，习近平总书记多次对此作出重要指示和批示，2018 年中央"1 号文件"明确提出"探索宅基地所有权、资格权、使用权'三权分置'，落实宅基地集体所有权，保障宅基地农户资格权和农民房屋财产权，适度放活宅基地和农民房屋使用权"。

德清县以习近平新时代中国特色社会主义思想为指导，紧紧围绕乡村振兴战略，充分保障和维护农民权益，正确处理农民和土地关系，积极探索开展农村宅基地"三权分置"改革，出台了全国首个基于"三权分置"的宅基地管理办法，在尊重现行集体经济组织成员认定和宅基地分配方式，充分发挥村民自治和民主治理的基础上，明确了村股份经济合作社在宅基地管理上的权利义务，明确了宅基地农户资格权的保障途径，明确了宅基地和农民房屋使用权的利用方向及方式；在严格禁止非法买卖宅基地，严格禁止城镇居民下乡利用宅基地建别墅大院和私人会馆的前提下，允许"通过盘活闲置农村宅基地和地上房屋，经批准后用于兴办农村电商、民宿、餐饮、养老、科研、创意、文化产业和符合条件的小型加工业等农村新产业、新业态"，允许"有条件地通过转让、出租、抵押，将一定年限的宅基地和房屋使用权流转"。同时，明确了"宅基地使用权及其地上房屋使用权流转的，不改变宅基地集体所有权性质，不改变宅基地资格权和房屋所有权"。真正体现了"落实所有权、保障资格权、适度放活使用权"。

2018 年，德清县先后向村、农户和用地业主颁发了宅基地资格权登记簿、宅基地资格登记卡和不动产权证。这也是全国农村土地制度改革试点地区颁发的第一批宅基地"三权分置"证书。在颁发了第一批宅基地"三权分置"证书基础上，进一步深化农村金融改革创新。2016 年，中国银监会、国土资源部在德清县联合发布《农村集体经营性建设用地使用权抵押贷款管理暂行办法》，为全国推广吸纳了德清创新元素。2018 年，农业银行德清支行在全国率先开展首批宅基地"三权分置"抵押贷款签约授信，对首批 3 户给予授信贷款 700 万元。

（二）成立文旅集团助力旅游投资

德清县文化旅游发展集团有限公司，是根据《预算法》和《国务院关于加强地方政府性债务管理的意见》（国发〔2014〕43号），以及《关于扶持建发和文旅集团改革发展的若干意见》（德委办〔2017〕73号）于2017年5月经县政府批准成立的市场化转型企业。组建文旅集团既是推进全域旅游和发展壮大德清县国有经济的迫切需要，也是打造标杆县的战略举措。该集团的正式成立，是德清县在调整国有企业布局结构、实现国有资产保值增值上迈出的重要一步，标志着德清县本轮国资国企改革取得了阶段性成果。德清县文旅集团主要由县旅委、下渚湖风景区、发改委、商务局所属企业组建而成，为县属国有独资有限责任公司，类型为国有资本投资运营公司，注册资本为25亿元人民币。主要负责县级旅游、文化、商贸国有资产的经营和管理，县域内文化旅游优质资源性资产的储备和利用，旅游基础设施建设和休闲旅游、健康养身、文化创意、住宿餐饮、商贸物流、信息科技等相关领域的投资、开发、建设、运营等。

五、探索科学多元投资融资模式

（一）完善精准招商投资评估体系

德清县成立"1+7"产业招商组，坚持以产业招商为统领，深化完善"7+1"重点产业精准招商体系，出台"一把手"一线驻点招商工作机制，探索第三方招商机制，持续开展县镇长项目工程，同时积极发挥好莫干山海峡两岸交流基地、异地商会和在外乡贤作用，主攻百亿级项目以及世界五百强、行业龙头企业，推动形成"引进一个、带动一批、辐射一片、提升一业"的工作态势。通过不断努力，促进多元旅游投资渠道。

能够实现精准招商的背后实际上是改革创新的理念。德清县紧紧围绕招商引资的"一号工程"，通过优环境、建机制、搭平台系列工作做了强有力的支撑和保障。在"招大、引强、选优"目标的引领下，在"7+1"重点产业精准招商机制、"金牌店小二"服务、"最多跑一次""标准地"改革试点等招商引资"利器"的助推下，吸引相

应的旅游投资能够落户德清。

与此同时，德清县也重视旅游投资的质量及后续风险防范，将投资项目评估工作做精做细，保证旅游项目的质量提升。从2010年起，德清县对旅游投资项目全面实施评估工作机制，凡在德清县投资的旅游项目要落地，先得过评估这一关。德清县成立了专门旅游投资项目评估委员会，由分管旅游的副县长任主任，县发改委、建设、水利、农林等15个成员单位组成，并邀请旅游方面专家2名，委员会下设办公室，办公室设在旅游主管部门，由旅游主管部门牵头组织评估，明确要求未能达到投资评估委员会通过的旅游项目，各部门不得自行选址和立项。旅游投资项目评估工作机制还包括定期或不定期召开相关会议，年初召开会议，主要内容是下达旅游项目土地、专项资金补助；年末召开会议，主要内容是对旅游项目推进实行考核，兑现相关奖励政策；每两个月定期召开一次会议，若有旅游项目要进行评估，可以随时开会讨论。该评估机制还将建立考核奖励制度，通过对旅游项目的预评估，根据县政府下发的旅游用地指标，及时研究分配下达旅游项目用地的数量，并根据项目的落地、实施过程，获得效益情况予以考核奖励。

（二）村级旅游公司参与投资运营

在全域旅游的发展过程中，德清县也鼓励村集体组建相应的旅游公司参与整个旅游项目的投资与运营。按照推动乡村"产业振兴、人才振兴、文化振兴、生态振兴、组织振兴"的总要求，引导成立村经济合作股份社，通过"企业+"的模式，大力推动现代种养殖业发展，稳定增加村集体收入。此外，还鼓励支持企业投资开发乡村民宿、健康养老、休闲观光、农家乐等项目，赋予村集体一定的股权，带动集体经济发展。引导企业通过物业租赁等方式，盘活村集体土地、厂房、礼堂、校舍等物业，联合置办村外物业，出租收益向村集体倾斜，为村集体经济增收。发动企业通过"朋友圈""同业圈""产业圈"等渠道，推介结对村特色资源、特色项目，吸引资本下乡。目前，庙前村联合三家精品民宿共同成立了宿邦文旅公司，村集体占股23%，进一步整合了村里旅游资源，统一规划建设，最大限度丰富了游客游玩体验。公司已经推出了亲子游、商务会议团等一系列旅游线路，在上海、江苏都有专门的营销部门。南路村也与村内精品民宿清静原舍合作成立旅游公司，主打亲子游。

（三）创新社会资本合作投资模式

德清县出台《德清县人民政府办公室关于印发德清县鼓励金融机构开展农村集体经营性建设用地使用权抵押贷款的指导意见的通知》（德政办发〔2015〕137号）。德清县文旅集团联合浙金网，推出"德清下渚湖定向融资计划产品"系列，目前一期已顺利完成募集，二期开始上线融资。2015年，下渚湖湿地风景区管委会与深圳市铁汉生态环境股份有限公司签订了PPP合作框架协议，双方将在下渚湖风景区核心区域的生态治理、生态修复、基础设施建设等方面开展合作。该项目总投资约10亿元。此外，镇海至安吉公路德清对河口至矮部里段工程PPP项目成功列入财政部政府和社会资本合作中心PPP管理示范项目库。该项目总投资15亿元。德清304省道PPP项目是德清县公路交通规划主骨架"四横"中的一横，对于完善德清县西部山区交通路网，促进德清、安吉两地经济交流，解决德清与安吉之间现有公路技术标准偏低、行车不畅等存在的问题，构建两地的快速通道，促进旅游资源整合，推动区域旅游业发展等均具有十分重要的意义。

六、推进绿色金融改革不断革新

（一）绿色金融改革支持绿色旅游

2017年，德清县制定出台了《德清县金融引领绿色经济发展试验区建设实施方案》和《德清县金融引领绿色经济发展试验区建设的若干意见》，重点推进构建绿色金融组织体系、推动绿色企业对接资本市场、构建绿色产品融资体系、构建绿色金融风险防化机制和构建绿色要素保障体系等工作，并在金融支持实体经济发展考核中增加绿色金融考核占比，激励各金融机构大力发展绿色金融，不断加大对绿色领域支持服务力度；工行德清支行、邮储银行德清支行德清农商行、德清湖商村镇银行等先后设立基层绿色金融组织；各金融机构积极开展创新绿色金融产品和服务创新，推出民宿贷、光伏贷、绿币贷、环保贷、云抵贷等绿色信贷产品，有效加大对绿色产业、绿色企业、绿色项目的支持力度，至6月末全县绿色贷款余额132.65亿元；各职能部

门全面推进环境污染责任保险、船舶油污损害强制保险、政策性农业保险等绿色保险的扩面增量提质。德清县每年安排金融引领绿色经济发展试验区建设专项资金1.5亿元，支持德清县金融引领绿色经济发展试验区建设。

实施绿色金融改革创新、促进绿色发展，是践行习近平总书记"两山"理论、贯彻绿色发展理念的重要举措，对德清地方经济发展和新动能培育起着重要作用，尤其是民宿贷的推出对德清县民宿经济的发展具有重要的推动作用。

（二）不断探索支持旅游金融服务

德清县还在不断探索支持旅游的相关金融服务，推出了根据民宿产业发展发放农户中长期经营性贷款、疫情期间绿色贷款通道等服务。

首先，发放农户中长期经营性贷款。农户中长期经营性贷款是农行德清支行近年来继发放全省首笔农村经营性宅基地抵押贷款、全国首笔三权分置抵押贷款后的又一服务"三农"的创新举措，缓解了农户的资金压力，帮助他们增收减负。2019年5月，农行德清支行向德清县民宿经营者袁女士发放了一笔30万元的贷款。这是农行发放全省首笔农户中长期经营性贷款。这是根据德清县产业发展调研，考虑到民宿经营者前期投入大、投资回收期较长的问题，推出的农户中长期经营性贷款。相比于短期融资产品，该类贷款期限长，宽限期内只需支付利息，使得民宿业主没有每年到期还款的周转压力。下一步，农行德清支行将通过提升服务深度、完善供给体系、加强三农走访等举措拓宽金融服务地方经济、推动乡村旅游发展的渠道，助推德清县绿色金融发展。

其次，县域银行为农村产业融合发展示范园提供信贷服务。作为县域银行，德清农商银行一直坚持绿色发展理念，为东衡国家农村产业融合发展示范园提供信贷服务。已累计为该示范园和入住该园的企业提供1.9亿元信贷支持，目前贷款余额1.3亿元，用"金融活力"助力当地特色产业发展。此外，还通过创新金融服务和制订个性化融资方案的方式，对园区内小微企业让利，解决其担保难、融资贵难题，助推小微企业规模化发展。同时，还积极支持园区建设，为示范园发放项目贷款4000万元。东衡国家农村产业融合发展示范园以创建"钢琴小镇、3A级村落景区、美丽田园"

为载体，推动"农业＋文化＋旅游"深度融合，深入融合一二三产业，打造"产城融合"型的农村产业融合发展示范园。

最后，推进金融服务实体经济。2020年2月，德清县开展"深化'三进三服务'、助力企业开复工"金融支持服务专项行动，德清县各金融机构纷纷加大新增贷款投放规模、开通信贷绿色通道、提升业务办理效率，通过稳存量、扩增量、降负担等举措助力稳发展，将金融活水不断注入实体经济。阜溪街道一家旅游企业获得了工商银行德清支行7500万元的授信。工商银行德清支行考虑到疫情影响，积极向省行争取了政策，开辟出绿色通道，简化了申请手续，缩短了审批时间，确保旅游项目的资金难题得到及时解决。各类金融机构都在积极为经济平稳发展提供有力的金融保障。

第四节　德清模式之人力资源管理创新

一、打破城乡壁垒培育主人自信

（一）打破户口壁垒塑造服务心态

2013年，德清县对突破城乡壁垒进行了深度探索，打破了沿用近60年的"农业户口"和"非农业户口"二元结构，此后每年拨款8000万元填平城乡差异鸿沟，尽全力做到城乡"一碗水端平"。实施"新户改"，让"二元"成"一体"。2012年在全省率先开展了户籍管理制度改革。农业、非农业等各种户口统一登记为"浙江居民户口"，明确7类不同情形的城镇落户标准，对流动人口实施积分管理。原有城乡户口性质上的33项城乡差异政策实现全面并轨，彻底打破了农村居民进城落户过程中的"玻璃门、旋转门和弹簧门"。最核心的是通过打破户籍藩篱、土地确权和农地入市，实现了劳动力的迁徙自由，从而使得生产要素优化配置。劳动力的迁徙自由也提升了旅游服务业人员的素质。

在此基础上，德清全县"城居医保"与"新农合"并轨运行、城乡基础设施共建共享，实现全县共饮用一管自来水、垃圾处理一体化、污水处理一体化，增强了居民的幸福感和获得感，尤其是乡村旅游区域的农村区域的幸福感。这种幸福感由内而外地散发，直接决定了基层旅游服务人员的服务心态，也是能够更好呈现德清全域旅游服务质量的重要人力资源基础。

（二）教育普惠均衡提升人员素质

围绕让孩子们能够就近"上好学"，德清大力度推进教育普惠均衡发展，德清15年义务教育普及率、学前3年入园率、初升高入学率均保持在99%以上，义务教育巩固率达到100%。2020年浙江工业大学莫干山校区的正式交付，标志着德清正式构建起了从幼儿园到大学的完整教育生态链。2014年，德清县被确定为全国首批义务教育发展基本均衡县、第三批全国社区教育示范区、首批国家级农村职业教育和成人教育示范县创建入围单位；2015年，成为全省首批基本实现教育现代化的13个县区之一。德清县委、县政府牢固树立"教育工作再怎么重视都不为过"的理念，将创建省教育现代化县作为强县战略的奠基工程，建立教育五项制度，优化教育资源配置，促进教育公平惠民，加强教师队伍建设，全面提高教育质量。教育的普惠与提升也直接保证了德清全域旅游的人力素质。

二、全民参与建设注重妇女发展

（一）人大代表深入一线排查献策

针对全域美丽大花园如何打造和如何因地制宜挖掘村居特色问题，莫干山镇人大召开"率先建成全域美丽大花园"人大代表论坛，组织人大代表开展集中视察活动，为莫干山镇全域美丽大花园建设情况建言献策。为更好地助推全域美丽大花园建设，自2018年以来莫干山镇人大积极开展代表活动，跟踪问效，截至目前已排查出各类环境问题559个，完成问题整治409个，排查梳理有效意见建议26条。此外，人大代表还就全域旅游建设中的旅游法庭、水利示范区建设、全域旅游共享机制等方面积极参与，进行踏实的实地调研并且建言献策。

（二）路长制＋示范户共建美丽花园

德清在基层参与上，充分发挥路长制等机制创新。通过全面推行"路长制"，县领导带头巡路履职，协调解决农村公路建设管养"疑难杂症"；升级保洁模式2.0版，以各镇（街道）为责任和实施主体，网格化管理属地"一把扫帚扫到底"，综合执法、交通等部门实施联合督考，充分调动了基层力量参与，从而共同建设全域美丽大花园。勤劳村通过建立路长制，对全村主道路和分干道划分13个路段，由村干部包干到人、包片到户，对农户进行百日攻坚宣传和房前屋后卫生监督。由村书记为党员挂环境卫生宣誓牌，督察党员带头整治环境卫生，为村民作表率，村干部和党员认真积极的工作作风，也带动了部分村民主动带头参与。在后期长效管理中积极发挥党支部的力量，成立了以村干部为成员的保洁队伍，做好每周保洁工作，并健全了一套长效管理体系。另外，有些基层组织也充分发挥示范户的带头作用。勤劳村为了让党员做好表率作用，给每位党员家门口都挂了光荣牌，上面标明：党员示范户，全域美丽大花园，我是党员我带头。通过党员带头干，为村民作表率，也带动了村民主动参与环境整治，共同建设全域美丽大花园。

（三）重视妇女发展保障旅游服务

在现代旅游服务业中，女性是不容忽视的巨大人力资源，其从业人员占到旅游从业人员的半数以上。德清县委、县政府历来高度重视妇女发展，积极推动妇女与经济社会同步协调发展。2011年，德清县人民政府制定颁布《德清县妇女发展规划（2011—2015年）》。截至2015年年底，《德清县妇女发展规划（2011—2015年）》确定的主要目标基本实现。妇女参与经济建设能力明显增强，广大妇女的综合素质有效提升，就业创业环境大大改善，新增女性就业人数17684人，占新增就业总人数的42%，女性专业技术人员数比例逐年增长。依托德清县全域建设，德清县大力发展休闲农业和乡村旅游等农村产业，引领农村妇女在民宿、家庭农场等农村业态上创业就业，多途径引导妇女就业创业，从而拉动了德清的旅游服务水平。

三、建立专家智库持续培训提升

第一，目前已建立德清县民宿等级评定工作专家库，用于每年开展县精品民宿评定工作，运行效果良好。肖歌、楼晓云、郑健雄、曾喜鹏等都是德清县民宿等级评定专家库成员。第二，开展人才交流、交换、挂职等交流活动，与台湾乡村旅游协会不定期举办乡村旅游方面的双向交流学习活动。第三，人才联合培养和培训基地的建立。通过德清县旅游主管部门、各个协会，以及联合德清职业中专学校开展校企人才联合培养，经常性开展乡村旅游、民宿发展、旅游安全、旅游标准等方面培训活动，轮训民宿从业人员，培训人数累计达 800 余人。此外，德清县还不定期组织人员外出开展参观培训、经验交流和研讨会等活动。具有民宿界"黄埔军校"之称的莫干山民宿学院也为德清以及全国各地的民宿相关从业者，提供设计建造、运营管理、品牌推广、文化融合等专业课程培训。

现场培训

现场培训

四、吸引高端人才鼓励返乡创业

（一）多项政策打造人才集聚高地

德清县一直重视吸引人才，着力打造成为在长三角区域较有竞争力的高端人才的集聚之地。德清县紧盯县域产业"高精尖缺"和专业技术"两端"人才，立足长三角、放眼全世界，以更加积极、更加开放、更加有效的姿态参与国际国内人才竞争，出台了《德清县国民经济和社会发展第十三个五年规划纲要》《德清县中长期人才发展规划纲要（2010—2020年）》和《德清县人才发展"十三五"规划》。同时注重以更优的服务保障人才，实打实解决人才反映强烈的问题，持续聚焦人才的房子、车子、票子、孩子等"关键小事"，加快构建全方位、全周期的人才服务生态体系。

针对旅游人才的集聚，早在2014年德清县政府就出台了《关于促进旅游业加快发展的若干意见》（德政发〔2014〕44号），成立了以县长为组长的县旅游工作领导小组，研究指导全县旅游发展。同时加大对旅游机制体制、资金支持、用地保障、公共服务、智慧旅游、人才引进等方面的政策扶持力度，进一步增强全县上下合力兴旅的氛围。根据《德清县人才发展"十三五"规划》，2020年德清培养美丽乡村人才2000人以上，形成一批工匠。另外，充分利用已有的各种政策吸引各种旅游人才来到德清长期居住或者短期工作。

德清县人才发展"十三五"规划（节选）

三、发展重点

（一）实施重大人才工程

3.美丽乡村领军人才培育计划

突出生产经营型、乡村旅游型、技术推广型、中介服务型、治理服务型五类领军人才队伍建设重点，积极完善教育培训、认定管理、政策扶持"三位一体"的培育制度体系，全力助推"美丽乡村升级版"。依托德清农民学院等平台，全力实施新型现代职业农民培育工程，重点培育一批新型职业农民。借助莫干山民宿学院培训教育平台，强化民宿成功业主示范引领效应，采用"请进来＋走出去"的方式，培育一批高素质乡村旅游从业者。加大农产品经纪人和农村淘宝合伙人队伍培育力度，深化电子商务进万村工程和"千县万村淘宝计划"。全面推进"1+1+N"新型农推联盟建设，健全农技推广高端人才教育培训机制，逐步提升农技推广队伍综合素质。深入推进"幸福邻里"中心、农村社区社会工作室、社工驿站等建设，鼓励返乡大学毕业生、退伍军人、大学生村官、乡贤等参与农村治理服务。力争到2020年，培养美丽乡村人才2000人以上，评选表彰"美丽乡村领军人才"50名。

4.德清工匠培育计划

紧紧围绕我县经济转型升级和产业结构调整趋势及产业培育需求，全面提升职业教育办学水平，加大企业育才奖励力度，助推技能人才成长；深化校企合作方式，建立一批高技能人才培养示范基地，全面加强技能人才培养平台建设；通过"首席技师""金蓝领""技术能手"等典型选树表彰和产业紧缺急需高技能人才的引进，全面宣传"德清工匠精神"，不断优化高技能人才成长环境。力争到2020年，全县新增高技能人才1.2万人、技师和高级技师1000人、新建县级技能大师工作室10个，争创市级技能大师工作室5家、省级技能大师工作室1家，培育市级以上技能大师工作室领办人、首席技师、技术能手为主体的领军型技能人才20名左右，全县高技能人才占技能人才比例达到30%以上。

对接国家、浙江省"万人计划"，结合湖州市实际，湖州计划在本市范围内遴选支持110名左右领军人才和青年拔尖人才。根据《关于"南太湖本土高层次人才特殊支持计划"的实施意见》（湖委办〔2018〕15号）有关要求制定的实施办法中传统工艺领军人才和乡村振兴领军人才都与德清全域旅游发展相关。

2019年度"南太湖本土高层次人才特殊支持计划"实施办法（节选）

（六）传统工艺领军人才

在湖笔、丝绸、紫砂壶等传统工艺领域具有创作、设计、研发、制作等绝技绝活的优秀人才，并同时具备以下条件：

1. 具有中国国籍，爱国敬业，遵纪守法，德艺双馨；

2. 年龄一般不超过65周岁；

3. 具有较深厚的专业理论功底和丰富的创作经验，为工艺美术行业相关专业领域的带头人，在工艺美术领域取得显著成绩，享有较高声誉；

4. 在传统工艺美术的发掘、传承、保护、发展等方面有较突出贡献；

5. 能长期坚持带徒、传授技艺，为培养人才做出较大贡献，有5名以上传承人，其中至少有1人具有中级职称以上称号或国家职业技能等级二级（技师）以上称号，或建有区县级以上大师工作室；

6. 具有湖州市工艺美术大师以上称号；

7. 传统工艺设计制作成绩显著，能较好推动传统工艺产品产业化发展，起到示范作用。

（七）乡村振兴领军人才

遴选的范围主要是善于利用新理念、新技术、新渠道开发乡村资源，引领带动现代农业、乡村旅游、乡村服务业、农村电子商务等特色产业发展的产业领军人才。应具备以下基本条件：

1. 具有中国国籍，拥护党的路线方针政策，热爱祖国，遵纪守法，品行端正，诚实守信，热衷于农业农村工作；

2. 享有较高声誉和口碑，在促进乡村振兴、带领农民增收致富等方面业绩突出；

3. 已在湖州农村从事农业生产和服务工作 2 年以上，一般为农业企业负责人、农民专业合作社带头人、农家乐民宿经营业主、家庭农场主、农业服务组织负责人、农村电商等生产经营能人；

4. 一般应为农业生产经营主体的主要创办者和实际控制人（为企业法定代表人或企业第一大股东、股权一般不低于 30%），生产经营主体规模适度，管理理念创新，技术先进适用，市场竞争能力强，符合绿色发展方向；

5. 一般具有大专以上学历；

6. 年龄一般不超过 55 周岁。

2019 年，德清县紧紧围绕吸引大学生来德就业创业这一重点展开人才工作，实施精准对接，以创业带动就业，加大返乡创业和自主创业扶持力度，鼓励优秀大学生在德清创业创新，推进服务创新，通过住房、落户等政策吸引更多的大学生前来德清参与旅游业。

（二）营造返乡创业旅游就业空间

德清县"洋家乐"乡村旅游的蓬勃发展为各类型人才都提供了施展才华、发挥专业的舞台，为"大众创业、万众创新"提供了乡村众创空间，例如，如恩设计、设计共和、东方园林、Do 渡创意团队、莫干宿盟、晓辉设计、陈飞波设计、捷安特单车、四驱越野俱乐部、Discovery 极限探索等专业团队 30 余个入驻，吸引景观、建筑设计专业设计大师 20 余位，这些创意团队和高端人才的引进带来了国际化的创意理念和文化，在环莫干区块建成了一个独具特色的乡村旅游创客基地。原来漂泊在外的80 后、90 后大学生都回到了乡村，成了乡村创业打拼的主力军。与此同时，健康养生、新型金融、户外探险等领域的人才也开始慢慢集聚到本区域。

这种创业人才和经营管理人才大量积聚的现象形成的原因既有市场集聚形成莫干山品牌的原因，也有环境质量优美和基础设施齐全的因素，更有德清县在行业管理上形成了政府—民宿企业—民宿主人—从业人员的有效增长联盟的因素。以阜溪街道为例，为了帮助青年创业形成项目扶持、融资对接和文化引领为一体的服务青年创业工作体系。一是落实月度走访机制。为推动青年自主创业，阜溪街道团干落实月度走访制度，每月至少走访一位青年创业者，宣传农村青年创业优惠政策，提供政策解读、项目申报、贷款对接的"一站式"服务，帮助解决青年创业困难。对申报创业项目、申请贷款授信的青年创业者，积极回访，及时跟进项目进展。二是开辟青创在线服务。在新媒体层面，以"青年之声"互动社交平台为载体，开辟了青创在线服务，应用"互联网＋"思维和技术，及时帮助青年创业者答疑解惑。将青年之声打造为政策宣讲台、信息交流站，帮助青年提升创业能力，实现创业梦想。三是强化创业项目扶持。金融服务方面，排摸创业贷款意向，帮助创业人员获得"绿色青年贷"授信；发放小额贷款覆盖创业青年。项目申报方面，推荐上报湖州市高校毕业生创业大赛、创青春浙江赛区项目、德清县县创客大赛等各类项目。创业青年培养方面，结合青年抱团发展的需求，上报返乡大学生创业培养对象、创业青年为湖州市农村青年致富带头人，帮助其拓展创业人脉、拓展创业视野。四是组织开展创业培训。积极组织创业者参与省市县各级培训。整合成校资源，结合"青年说"特色活动，积极搭建青年创业学习平台和交流平台，举办青年创业大讲堂，开展创业培训、创业经验交流、金融政策宣讲等活动，帮助青年创业者增强创业实践能力。

第五节　德清模式之生态文明建设创新

一、首创生态补偿机制保护生态

（一）不断修正形成完整补偿机制

2005 年，德清创新贯彻"绿水青山就是金山银山"的施政理念，在浙江省、湖州市的支持下，在浙江首创生态补偿机制，不再对山区乡镇进行工业经济总量考核，并且实施财政转移支付，10 年来累计投入 2.6 亿元，用于搬迁和关停保护区范围内的原有工业企业（表 3-4）。

表 3-4 德清县生态补偿机制的形成

时间	政策	生态补偿机制核心内容
2005 年 1 月 1 日	率先在全省实施了生态补偿机制，出台《建立西部乡镇生态补偿的实施意见》	建立机制：对境内 104 国道以西的 304 平方千米区域西部乡镇生态环境的保护和生态项目的建设实施补偿。
2010 年	制定了《深化完善生态环境补偿机制的实施意见》	范围拓展：把补偿区域从 104 国道以西向中部拓展，增加了下渚湖湿地风景区核心区、东苕溪乾元南段饮用水源保护区。
2013 年	出台了《进一步深化完善生态环境补偿机制的实施意见》	增加补偿方式：增加了对西部农民的直接补助金额；建立考核机制：明确了生态环境补偿中相关乡镇、部门职责，建立了生态环境补偿考核机制。
2015 年	生态补偿机制作了第三次完善修改	增加资金量：从 2000 余万元／年增加至 5000 余万元／年，资金的筹措渠道由原来的 8 个调整到现在的 10 个；设置系数梯度：实施保护等级系数梯度设置，体现"保护级别越高所对应的奖励基数越大，但倒扣时也惩处力度越大"；责任连带：考核实行三级责任连带，在生态保护区内发生的每一件违规事件，对当事农户、其所在行政村、其所在乡镇实行连带惩处。

德清县人民政府文件

德政发〔2005〕14 号

德清县人民政府关于建立西部乡镇生态补偿机制的实施意见

为了全面树立和落实科学发展观，进一步贯彻落实省委、省政府关于建设生态省、打造"绿色浙江"的战略部署和县委、县政府确定的"创经济强县、建生态德清、构和谐社会"的工作目标，保护我县西部地区的生态环境，扎实推进生态县建设工作，促进人与自然的协调发展，特制定建立西部乡镇生态补偿机制的实施意见。

《建立西部乡镇生态补偿机制的实施意见》

德清县出台实施了全省第一个"生态补偿机制"，以势如破竹之势拆除关闭生猪养殖场、矿山企业、竹拉丝企业，投入 20 多亿元实现美丽乡村建设全覆盖，在全省率先启动小城镇环境综合整治，打造了"洋家乐"、精品民宿、风情小镇的国际乡村旅游目的地，带动村均经营性收入、农村居民人均可支配收入近五年年均增长 10.4%、9.7%。

德清县人民政府文件

德政发〔2015〕40 号

德清县人民政府关于印发
深化完善生态保护补偿机制实施意见的通知

各乡镇人民政府，县府直属各部门：

《关于深化完善生态保护补偿机制的实施意见》已经县政府同意，现印发给你们，请结合实际，认真抓好落实。

德清县人民政府

2015 年 12 月 15 日

《关于深化完善生态保护补偿机制的实施意见》

（二）实施有效补偿资金管理体系

德清县生态补偿机制的建立和不断推进过程中，建立了有效的资金管理体系，保证了资金的落实到位和保护效果到位。

首先，实施补偿标准"差别化"。德清县出台《关于深化完善生态保护补偿机制的实施意见》，按对河口水库和老虎潭水库水源地保护区位将全县公益林划分为一级、二级、准保护区、保护区外和其他区域 5 个等级，在省补助标准 31 元/（亩·年）的基础上，县财政每年配套资金 2300 万余元，将补偿标准依次提高至 180 元/（亩·年）、130 元/（亩·年）、100 元/（亩·年）、60 元/（亩·年）、40 元/（亩·年），为全省最高标准。

其次，落实资金分配"透明化"。公益林补偿资金分配实行"双公开"制度。补偿资金发放前，由各镇（街道）按补偿标准编制公益林损失性补助资金发放清册，张榜公示到各行政村（自然村），在群众无异议后签字盖章报县林业部门审核，待审核无误后再进行政务网站公示，主动接受群众监督，确保过程公开透明。

最后，监督资金发放"规范化"。在拨付管理上，设立"森林生态效益补偿基金专户"，对补偿基金实行专户管理、专账核算，及时反映补偿基金的收、支、结余情况，确保专款专用；在使用管理上，建立"直拨制"，由县财政将补偿支出（损失性补助）直接下拨至林农、村集体或经营单位的银行账户，减少中间周转环节，确保资金不截流、不移用。据统计，2018年共发放公益林补偿资金2586.9万元，其中损失性补助2331.3万元。

在此基础上，2018年德清县人民政府办公室关于印发《德清县森林生态效益补偿基金管理办法的通知》（德政办发〔2018〕163号），继续对补偿对象、补助对象以及资金来源、使用、申拨和核算及后期的监督、检查和档案管理进行明确规定，进一步完善资金管理制度。

（三）建立多元补偿资金筹集机制

德清县共区划界定公益林28.5万亩，5个补偿标准为全省最高标准。但是仍然存在补偿范围不够全面、补偿标准相对偏低等问题。因此德清在前期经验的基础上，计划下一步实施公益林赎买政策，优先选择重要生态区位内林权属于集体或个人的经济林，由政府出资赎买后转为公益林，纳入森林生态效益补偿范畴。另外，结合林地市场价值等因素，适度提高森林生态效益补偿标准，并扩大逐年递增的幅度，提高林农参与森林生态保护的积极性。上述措施实现的基础是能够建立多元化的生态补偿资金筹措机制，更大范围内覆盖生态补偿范畴。德清县探索政府主导、社会参与的补偿模式，如"碳汇交易"机制，将企业用于购买碳汇指标的资金用于森林生态效益补偿，扩充补偿支付主体范围，拓宽资金来源渠道。目前德清县已经形成县财政预算内按可用财力1.5‰安排、水价中按0.20元/吨提取专项水源保护补偿资金、土地出让金收益按1%提取、排污费按10%提取、排污权有偿使用资金按10%提取、农业发展基金按5%提取、森林植被恢复费按10%提取、矿产资源补偿费和探矿采矿权价款收益按 5% 提取、上级财政部门专项性一般转移支付资金和县级其他财力补充、下渚湖湿地风景区门票提取 5% 等多元资金筹措渠道。

二、开展生活方式的绿色化行动

德清县以新发展理念为引领，树立"绿水青山就是金山银山"的强烈意识，坚持节约资源和保护环境基本国策，加强宣传教育，弘扬生态文明价值理念，完善政策措施，引导绿色生活实践，培育绿色生活习惯，促进绿色消费行为，加快形成勤俭节约、绿色低碳、文明健康的生活方式和消费模式，促使绿色生活成为公众的主流选择，为建设国际化山水田园城市做出应有的更大贡献。2017 年出台了《德清县开展生活方式绿色化行动的实施意见》（德委办〔2017〕61 号）。在此实施意见的指导下，德清县在绿色出行、绿色认证、弘扬生态文明等方面有一系列行动方案，推进生态文明建设。

第一，德清县鼓励绿色出行。打造高品质公交服务体系，研究制订提升公交分担率实施方案。加快新能源、清洁能源汽车推广应用，大力推进公交运输装备绿色化。推广应用掌上公交，扩大电子站牌覆盖面，提升公交智能管理水平。优化公共自行车布点，方便公众选择自行车出行。按照湖州市国家全域旅游示范区和国家级旅游业改革创新先行区建设要求及省全域旅游示范县认定标准，倡导推行绿色低碳出游，设计适合游客活动的健身步道或骑行的自行车道，满足游客健身养身心理需求。推行电动旅游船和新能源旅游汽车。

第二，规范绿色消费秩序。推行绿色标识、低碳、有机产品认证，落实节能低碳产品认证管理办法，加快能效标识监管。制定绿色市场、绿色宾馆、绿色饭店、绿色旅游等绿色服务评价办法。建立绿色产品营销体系，加强对绿色产品的监测、监督和管理。

第三，减少星级宾馆、连锁酒店"六小件"等一次性用品的免费供应。在商场、超市、农贸市场等商品零售场所执行"限塑令"，减少包装物消耗。

第四，扩大绿色消费市场。鼓励建设绿色批发市场、绿色商场、节能超市、节水超市，支持市场、商场、超市、旅游商品专卖店等流通企业在显著位置开设绿色产品

销售专区。

第五，弘扬生态文化。深入挖掘德清传统文化中的生态理念和生态思想，加强国家重大文化和自然遗产地、重点文物保护单位、重要革命遗址遗迹、历史文化名城名镇名村保护建设，抓好非物质文化遗产保护传承与利用，丰富民间民俗特色文化活动载体，传承乡愁记忆，延续历史文脉。发现和培养扎根基层的乡土文化能人、民间文化传承人。开展优秀传统文化教育普及活动，积极打造文化精品，促进传统文化现代化。创作一批倡导生态文明理念，兼具思想性、艺术性和观赏性的电影、电视、戏剧、公益广告、书法、绘画、漫画、摄影等生态文化宣传品。开展"文化走亲""农民艺术节"等演出活动，将生态文明元素纳入演艺节目，广泛宣传绿色生活。充分利用老年协会、行业协会等组织，开展以绿色生活、绿色消费为主题的生态文化系列活动，将绿色生活理念植入语言类节目、作品和专题讲座中。

三、落实河长制推治水常态长效

河长制作为"五水共治"的一项基础性、关键性保障制度，是积极贯彻习近平总书记"两山"重要思想和浙江省委"绝不把脏乱差、污泥浊水、违章建筑带入全面小康"工作要求的具体举措。德清县更高标准、更实举措、更大力度推动"河长制"工作再上新台阶，深化河长制，充实优化河长队伍，形成和健全务实管用的责任机制，使河长制有效运作、落地生根、常态长效。2018年以来，德清共提升了20条省市美丽河湖，均顺利通过验收，成功打造了200多条（个）生态示范河道和小微水体，建设了防风湿地小镇、水梦苕溪等一批景观带以及三家村港、上南斗港等一批亲水带。为保证河湖美丽的常态化，德清全面建立河（湖）长制，积极探索"跨界河长""民间河长""智慧河长"创新版，全县1211条河道共明确河湖长2135名，实现县域全覆盖。

（一）加强水利监管推进美丽河湖

开展水利强监管助推高质量发展三年行动，着力解决水资源、水生态、水环境三大问题。一是加强建设管理。强化项目立项审批、开工建设、完工验收规范化管理，建立德清地方标准，进一步加强精细管理、节点管理，不断提高水利项目建设管理水平。二是加强工程管理。按照"四化三高"的工作目标和要求，在完成全域标准化创建的基础上，从标准化创建逐步转向依标管理、长效管护。进一步完善专业机构、圩区自治、专业队伍、物业化管理等管用有效管护模式，健全政府、企业、农民共建、共管、共享机制。三是加强水资源管理。创新节水理念，转变节水方式，探索制定一站式审批、智能化管理、长效化运行德清地方标准，完成 2018 年度最严格水资源管理制度考核，确保继续走在前列。四是加强水域管理。研究建立地方标准、地信技术、属地管理"三地"管控机制，全面监管盛水的盆和盆里的水。同时，充分利用"德清一号"、无人机航拍、卫片执法等方式，严厉查处各类占用水域、河道堤防的违法行为，加强河湖水域的监督管理，实现水域资源的可持续利用。五是加强水保管理。按照"山、水、林、田、湖、草"是一个生命共同体的理念，加强水土保持生态建设，规范水保方案审批、强化事中事后监管、完善验收报备核查，建立"天地空"一体的监管体系，以实现水域资源的可持续利用，从而推进美丽河湖建设。

（二）打造景美绕城的亮丽风景带

对照建设水安全、水生态的秀美城市的要求，早日实现景美绕城。一是提升城市的水安全防御能力。县城防洪面积将从原来 32 平方千米扩大至 237 平方千米，堤防全面加固、加高、加宽，同时，新建湘溪、新丰、五闸、新民桥等泵站，排涝能力均达到 50 个流量（为浙江省县级排涝能力最大，湖州市仅德清泵站），加上洋口泵站、老五闸泵站等一批老的闸站，城市排涝能力达到 4 个 260 个流量，防洪排涝能力大大提升。二是加快引水工程建设。完成城市引水项目建设，枯水期引东苕溪水入凤栖湖及武康城区，丰水期引对河口水库多余的水入城区，在调活余英溪、丰桥港和下渚湖的同时，还可以通过南干渠引水至阜溪，连通上柏和开发区，通过疏浚庄前港、师姑漾港，引凤栖湖水入春晖公园、塔山小区等，调活整个城区生态用水，实现县城"清水长流"，并融入智慧化管理手段，建立运行管理新模式，确保机制长效、效果稳定。三是开展景美绕城工程。结合"美丽城市"建设，将区域水文化与水景观节点相结合，通过水梦苕溪、闸站景观建设，结合城山公园以及湿地公园建设等，将东苕溪、

湘溪、南干渠、阜溪串联成水利风情带，将引水线路打造成环县城的亮丽风景带，实现景美绕城。

（三）五水共治推动全域旅游发展

西险大塘、导流东大堤、德清大闸、对河口水库等一批骨干工程防洪标准达到100年一遇，城市防洪达到50年一遇，农村地区达到20年一遇。2013年以来，德清县累计完成"五水共治"投资近百亿元，原来的黑臭河"变身"景观线，成为传承民俗风情的新节点、彰显历史文化的新载体、展现水生态文明建设的新阵地。德清水利抢抓国家加快重大水利工程建设和全省"五水共治"重大历史机遇，扎实有效地推进水利事业大发展，成效显著，获评"国家农田水利基本建设先进县"，连续多年获省水利综合考核优秀，连续3年最高分夺得省政府水利工作最高奖大禹杯"金杯奖"。

近年来，德清县扩大杭嘉湖南排工程和苕溪清水入湖两大"治太"骨干主体工程，大大提高了德清县区域防洪排涝和水资源配置能力，有效缓解历史以来"南北夹击，东西矛盾"的防汛难题。通过整治山塘163座、大型水库1座（对河口水库）及小型水库16座，已经完成一轮除险加固，也使得西部山塘水库的安全性提升。全县重要城镇防洪标准已基本达到20年一遇，排涝标准达到10年一遇，防汛防台实现了多年无人员伤亡。

2017年以来，县水利局专门实施"水梦苕溪"东苕溪生态提升工程，将东苕溪沿线13千米打造成一条东部景观轴，串联德清南北，推动德清县中部旅游业发展。美丽河湖正成为乡村振兴和全域旅游的重要助力，依托水梦苕溪、水墨苎溪、画里西施等景观线的打造，钟管镇蠡山村古婚俗文化传承基地项目、禹越镇三林村乡村振兴综合体、新市镇宋市村综合性生态休闲项目等纷纷落户。数十载接力，德清的自然环境和人居环境都得到了进一步改善，良好的生态环境也激活了美丽经济。

探索"九法治水"，实施县、乡镇、村"三级河长"制度，34位县级领导分别担任"一级河长"，1211条河道全部实行多级"河长制"。河长掌上办公、管道机器人、电子监控等先进的科技手段让"智慧治水"的技术不断升级，形成了"水陆空"一体化智能管护体系。生态引领全域提升和全域旅游的快速发展。

四、生态文明意识培养从小开始

德清县的生态文明建设重视将生命保护意识和生态文明从小开始培养，从点滴做起，努力建设成为高度生态文明社会。2013年新市镇关工委积极响应县委、县政府的号召，在暑期即将结束之际，联系新市小学开展了"大手牵小手"，全民参与治水大行动。新市镇关工委的成员们带着孩子们一起发放治水倡议书和走进沿街商铺、走入居民小区，向大家宣传治水护水的重要性和必要性，真正发动全镇居民参与"全员治水、全域保水、全民护水"的主流中来，携手把新市打造成"宜居、宜业、宜游"的小城市。2017年，雷甸中学召开了关于垃圾分类的专项会议。为了响应湖州市创建国家全域旅游示范区和德清县创建全国文明城市，雷甸中学非常重视关于垃圾分类的教育和实施，动员全校师生能够积极参与生活垃圾分类的宣传活动，培养学生环保意识，重新利用资源，带动和深化每个家庭的垃圾分类工作。学校为了推进垃圾分类活动切实有效的开展，在晨会上由学生发起了关于垃圾分类的倡议；班主任开展关于垃圾分类的主题班会课。学校还将开展相关主题黑板报的评比等一系列活动。在接下来的工作中，学校还将不断深化"生活垃圾源头分类宣传教育项目"，继续深化内涵、延展范围，不断丰富形式和工作方法，确保垃圾分类工作落实、落地。

2017年开始，德清县将生活方式绿色化教育纳入国民教育和干部职工培训体系，普及生活方式绿色化的知识和方法路径，使之成为素质教育、职业教育和终身教育的重要内容。发挥工会组织作用，引导职工积极参与生活方式绿色化行动。发挥中小学生的社会影响作用，将生态教育融入课堂教育内容和课外实践活动，修编中小学生态文明教材，整合中小学综合实践基地资源，组织开展"文明出行、低碳环保""绿色消费、节俭养德"等专题活动，增强中小学生绿色生活意识，成为生活方式绿色化的时代先锋。发挥共青团、少先队组织的带动辐射作用，从志愿者服务队伍建设、绿色生活宣传教育、绿色生态项目建设等层面传播和弘扬生态文明理念，引导青少年珍惜自然、关注生态、参与环保。发挥妇女组织的特点优势，组织妇女参与绿色文化体系打造、绿色经济体系构建、绿色生活环境营造，引导妇女和家庭参与绿色发展，共创绿色生活。

第六节　德清模式之利益共享机制创新

一、德清人免费游德清旅游惠民

近年来，德清县大力实施全域旅游战略，县域景区（点）数量增多，品质提升。同时，随着旅游休闲时代到来，广大市民迫切要求在家门口旅游休闲度假，感受自己家乡的美景，共享旅游改革成果，为适应这一发展趋势，德清县提出了"德清市民免费游德清"惠民项目。在县十六届人大三次会议第二次大会上，经过219名县人大代表投票，从12件民生实事候选项目中票决产生了十件民生实事项目之一，正式列入县政府2019年为民办实事项目。

第一，高度重视，明确分工。德清县文化和广电旅游体育局第一时间成立了局"德清市民免费游德清"领导小组，统筹、协调开展各项工作。并与莫干山管理局、县文旅集团、新市镇等单位进行多次沟通、商议，拟定了初步的方案，经征求意见后形成《德清市民免费游德清工作实施方案》，明确了目标任务、工作举措和实施步骤。

第二，突出成效，强化宣传培训。一是线上线下多渠道宣传。线上通过微信公众号、微博、电视、广播等媒介让更多德清市民知悉了解该活动，提高参与度。线下通过在景区游客中心滚动播放"免费游"公告、摆放易拉宝等进行宣传推广。让全县居民周知从2019年1月22日起至2019年12月31日止（节假日、公休日除外），持有德清身份证或户口本的德清市民可在莫干山风景区、下渚湖国家湿地公园、新市古镇享受免除景区门票的优待（不包括景区内的导游讲解服务、停车费、游览车、景交车船、餐饮、游玩体验等二次消费项目）。二是部门景区多维度沟通。领导小组多次召集三大景区负责人召开相关会议对德清市民免费游德清工作推进情况进行专题部署，并针对服务在景区一线的工作人员组织开展宣传教育培训，持续提升服务意识，全面落实工作责任。

第三，稳步推进，抓实工作举措。对照"德清市民免费游德清"惠民项目明确的目标任务，制订具体项目推进计划，并对工作动态和工作进展情况定期进行通报。领导小组成员按照职责分工和既定目标，对标对表联动推进，多次深入全县各 A 级景区进行调查摸底，督查方案落实情况。2019 年，莫干山风景区、下渚湖国家湿地公园和新市古镇三个景区分别接待"免费游"游客 14325 人、13487 人和 48101 人，共计 75913 人。

该活动使德清人的幸福指数不断攀升，免费开放后的景区也迎来了更大的人流量，实现了让群众得实惠、让景区得人气的双赢局面，并且带动了景区内的经济，有利于实现未来景区学习、休闲、娱乐、购物四位一体的发展目标。德清市民免费游模式的开启，既是实实在在的为民服务，也见证了德清旅游的转型发展。

二、接沪融杭开通杭州市民优惠

德清长期推进接沪融杭的发展战略。2013 年 11 月，突破各种行政壁垒，德清县与杭州市民卡公司签署协议，双方合作发行"杭州通·都市圈德清卡"IC 卡，这也是杭州市民卡首次在全省尝试异地销售市民卡，德清县市民不仅可凭"杭州通都市圈卡（德清）IC 卡"租用杭州、德清两地的公共自行车，还可享受杭州市民卡在杭州的同等待遇，乘公交、坐地铁、租公共自行车，游玩和消费，还能享受与杭州市民一样的折扣优惠。

德清作为杭州都市圈的重要节点县，2019 年 1 月举办了欢乐德清游——"杭州市民公园"开游仪式，成功开创了景区跨地域共享的先例，也让德清真正成为"杭州的市民公园"，拉近了杭州、德清市民彼此之间的心理距离，有效促进了两地同城化、一体化发展。从 2019 年 1 月 1 日开始，凡是持 2019 年杭州公园卡或市民卡公园年票的市民，都可享受德清县境内主要景区免费或优惠政策。德清的景区纳入杭州市民公园卡尚属首次，它成功开创了景区跨地域共享的先例。不仅方便了杭州市民的出游，更进一步拉近了杭州、德清市民彼此之间的心理距离，有效促进了两地同城化、一体化发展。

三、持续开展系列文旅惠民活动

德清县不仅推出德清市民免费游德清（已列入县为民办实事项目）等惠民措施，还积极谋划文旅惠商举措，助力引商、引资、引智。近年来，力争《小镇琴声》走进大都市、走进大学校园、走进家乡。开展新编越剧《游子吟》草根班进景区巡演和越剧《德清嫂》基层展演活动。举办精品小品专场演出。坚持文化品牌创建理念，打造出"阅读节""家风节""文化走亲""驻馆作家""春晖讲堂""走读德清""周周有约"、村落文化节、蚕花庙会、乾龙灯会等一批具有鲜明地域特色和较大影响力的文化品牌服务、活动，持续开展送戏下乡、文化走亲等活动。

附录 相关文件

附件 1 德清县省级以上改革试点情况

序号	试点名称	批准层级	文号	备注
1	国家"多规合一"试点	国家发改委	发改规划〔2014〕1971号	已完成
2	国家县级公立医院综合改革第二批试点县	国家卫计委等	国卫体改发〔2014〕13号	已完成
3	国家首批县级食品安全检验检测资源整合试点	国家发改委	发改投资〔2014〕2393号	已完成
4	第二批国家新型城镇化综合试点	国家发改委等	发改规划〔2015〕2665号	已完成
5	全国农村集体经营性建设用地入市试点县	国土资源部	国土资发〔2015〕35号	2015—2018
6	全国农田水利设施产权制度改革和创新运行管护机制试点县	水利部等	水办农水〔2015〕1号	已完成
7	积极发展农民股份合作赋予农民对集体资产股份权能改革试点	农业部等	农经发〔2015〕7号	已完成
8	全国农村承包土地经营抵押权贷款试点	人民银行	十二届全国人大十八次会议	已完成
9	国家县域村镇规划体系试点	住建部	建村〔2014〕82号	已完成
10	全国知识产权强县工程示范县	国家知识产权局	国知发管函字〔2014〕101号	已完成
11	全国安全生产隐患排查治理体系建设试点县	国务院安委办	安委办函〔2015〕58号	已完成
12	第三批全国社区治理和服务创新实验区	民政部	民函〔2015〕233号	2015—2018
13	智慧德清时空信息云平台建设项目	国家测绘地理信息局	国测国发〔2015〕19号	2015—2018
14	国家农产品质量安全县（市）创建试点	国家农业部	农质发〔2015〕9号	已完成
15	农村土地征收改革试点	国土资源部	国土资函〔2016〕680号	2016—2018
16	产业园区规划环境影响评价清单式管理试点	国家环保部	环办环评〔2016〕61号	2016—2020

序号	试点名称	批准层级	文号	备注
17	建设用地使用权转让、出租、抵押土地二级市场试点	国土资源部	国土资函〔2017〕256号	2017—2018
18	国家农村产业融合发展试点示范县	国家发改委等7部委	发改农经〔2016〕833号	2016—2020
19	首批国家农村产业融合发展示范园（东衡村）	国家发改委等7部委	发改农经〔2017〕2301号	2017—2020
20	新一轮土地利用总体规划（2020—2035）试点地区	国土资源部	国土资厅函〔2018〕37号	2018
21	宅基地改革试点	国土资源部	国土资厅函〔2018〕35号	2018
22	省城乡体制改革试点	省政府办公厅	浙政办发〔2014〕37号	已完成
23	深化农村产权制度改革促进土地节约集约利用示范试点县	省农村综合改革办	浙农改办〔2014〕10号	已完成
24	省资源要素市场化配置综合配套改革首批扩面县	省政府办公厅	浙政办函〔2014〕87号	2014—
25	第二批省创新试点城市	省科技厅	浙科函证〔2014〕5号	已完成
26	省"救急难"工作试点	省民政厅	浙民助〔2014〕200号	已完成
27	省"三社联动"示范观察点	省民政厅	浙民基〔2014〕190号	已完成
28	省民间融资创新试点	省金融办	浙金融办〔2014〕92号	已完成
29	构建"三位一体"农民合作经济组织体系第一批推进县	省农村改革试验区工作联席会议	浙农试〔2015〕1号	已完成
30	农村土地民主管理试点	省国土厅	浙土资厅函〔2015〕244号	已完成
31	第一批"做强做优公益性医院、放开放活营利性医院"改革试点	省卫计委等	浙卫发〔2015〕76号	已完成
32	省"坡地村镇"建设用地试点项目（首批）	省国土厅	浙低丘缓坡联〔2015〕5号	已完成

序号	试点名称	批准层级	文号	备注
33	第二轮全省现代社会组织体制建设创新示范观察点	省民政厅	浙民民〔2015〕248号	已完成
34	省工业企业"零土地"技术改造审批改革示范县	省经信委	省经信委2015年7月15日通知	已完成
35	2016年第一批省级标准化试点项目	省质量技术监督局	浙质标函〔2016〕8号	2016—2018
36	第一批省级金融创新示范县（市、区）试点	省金融办	浙金融办〔2010〕87号	已完成
37	户籍制度改革	省人民政府	浙政函（2012）214号	已完成
38	绿色安全制造信息化示范区试点	省经信委	浙经信信息〔2014〕406号	已完成
39	第二批"浙江制造"品牌试点县（市、区）	省质量强省工作领导小组	浙质强省发〔2016〕1号	2016—2018
40	省土地管理有关审批权限委托下放改革扩面试点	省国土厅	浙土资发〔2014〕19号	已完成
41	省深化小型水利工程建设与管理体制改革试点县	省水利厅等	浙水农〔2014〕52号	已完成
42	省农村改革试验区	省农业和农村工作办	浙农试办〔2014〕7号	已完成
43	省土地管理制度综合改革试点	省国土厅	浙土资办〔2014〕60号	已完成
44	省专利保险试点县	省知识产权局	浙知发管〔2014〕21号	已完成
45	第一批科技大市场建设工作试点	省科技厅	浙科发成〔2014〕126号	已完成
46	中小学教育质量综合评价改革实验省级试点	省教改办	浙教改办〔2014〕1号	已完成
47	农村垃圾减量化资源化处理试点	省村整建办	浙村整建办〔2014〕17号	已完成
48	商事登记制度改革及农村集体经济股份制改革试点	省工商局	浙工商企〔2014〕11号	已完成

续表

序号	试点名称	批准层级	文号	备注
49	现代林业经济示范区试点	省林业厅	浙林产函〔2014〕18 号	已完成
50	省完善承包经营权确权登记颁证试点	省农确权办	浙农确权办〔2015〕3 号	已完成
51	省政务服务网政务地理信息资源报送试点	省政府办公厅	浙政网〔2015〕15 号	已完成
52	省级扶持村级集体经济发展试点	省财政局	浙财基〔2016〕4 号	已完成
53	企业投资项目承诺制改革试点	省审改办	浙审改办〔2016〕13 号	2016—
54	省综合医改先行先试县（市、区）	省卫计委等	浙卫发〔2016〕59 号	2016—2020
55	农业供给侧结构性改革集成示范试点	省委改革办	浙委改〔2017〕2 号	2017—2019
56	林业股份制改革试点县	省林业厅	浙林办便〔2017〕5 号	已完成
57	县域医疗服务共同体建设试点	省医改办	浙医改办〔2017〕7 号	2017—2018
58	国家科技成果转移转化示范县	省科技厅	浙科发成〔2017〕142 号	2017—2020
59	农业水价综合改革试点	省水利厅	浙水农〔2016〕40 号	2017—2018
60	"标准地"试点	省政府办公厅	浙发改投资〔2018〕97 号	2017—2018
61	企业投资项目发改委"一窗服务"试点	省政府办公厅	浙发改投资〔2018〕97 号	2017—2018
62	省农村综合改革集成区试点	省财政厅	浙农改办〔2018〕1 号	2018—2020
63	"标准地"企业投资项目信用监管试点	省发改委	浙发改财金函〔2018〕556 号	2017—2019
64	县级工会先行改革	省总工会	浙总工会发〔2014〕24 号	已完成
65	乡镇（街道）团干部统筹使用全团试点	团省委	共青团浙江省委组织部函	已完成

附件 2　德清县 3A 级景区村庄

序号	景区村庄名称	等级	评定时间
1	莫干山镇后坞村	3A	2017
2	莫干山镇劳岭村	3A	2017
3	钟管镇蠡山村	3A	2017
4	莫干山镇五四村	3A	2017
5	下渚湖街道二都村	3A	2017
6	禹越镇三林村	3A	2018
7	莫干山镇仙潭村	3A	2018
8	舞阳街道山民村	3A	2018
9	下渚湖街道沿河村	3A	2018
10	钟管镇沈家墩村	3A	2018
11	下渚湖街道上杨村	3A	2018
12	雷甸镇雷甸村	3A	2018
13	莫干山镇勤劳村	3A	2018
14	莫干山镇紫岭村	3A	2018
15	莫干山镇燎原村	3A	2018
16	莫干山镇东沈村	3A	2018
17	莫干山镇庙前村	3A	2018
18	武康街道对河口村	3A	2019
19	雷甸镇杨墩村	3A	2019
20	莫干山镇南路村	3A	2019
21	莫干山镇何村村	3A	2019
22	钟管镇曲溪村	3A	2019
23	新市镇宋市村	3A	2019
24	洛舍镇东衡村	3A	2019
25	莫干山镇北湖村（原莫干山镇兰树坑村和上皋坞村）	3A	2020
26	莫干山镇高峰村	3A	2020
27	新市镇蔡界村	3A	2020
28	洛舍镇洛舍村	3A	2020
29	阜溪街道郭肇村	3A	2020
30	新安镇舍北村	3A	2020

附件 3 "十三五"期间德清县实施的旅游项目

序号	所属单位	项目业主	项目名称	建设规模和内容	建设起止年限	总投资（万元）	"十三五"计划投资（万元）
1	莫干山镇	德清御隆旅游开发有限公司	郡安里·君澜度假区	项目占地面积约 1200 亩，其中规划建设用地约 92 亩，计划总投资 10.5 亿元，主要包括酒店、餐饮配套、商业设施、服务中心、探索极限基地等，建成后总建筑面积达 7 万平方米，客房总数 600 间左右。	2014—2017	105000	65447
2	莫干山镇	德清县三九坞生态旅游开发有限公司	裸心堡度假村	总用地约 70 亩，其中建设用地 13 亩，总建筑面积约 12793 平方米。项目由裸心城堡（山上 1 号老别墅）和裸心乡（山下三九坞）两个部分组成，功能包括精品酒店、餐厅、水疗、会所、会议中心和度假别墅等。山下部分主要修建 10 栋林间度假小屋及翻新 7 栋现有民居；山上部分通过修建老城堡遗址，建设城堡酒店。	2014—2016	20000	14973
3	莫干山镇	德清县莫干山旅游发展有限公司	莫干山旅游集散中心	总规划用地 50 亩，其中建设用地 50 亩，建设莫干山旅游换乘中心。	2014—2016	7500	5500
4	莫干山镇	浙江久祺自行车运动发展有限公司	久祺国际骑营	项目总用地 750 亩，其中建设用地 57 亩，主要建设自行车赛道、赛事中心、自行车研发及展示中心、主体酒店及配套设施。	2015—2019	58700	53700
5	莫干山镇	浙江穿越川行企业管理咨询有限公司	Discovery（探索）极限基地	项目总用地 180 亩，其中建设用地 7 亩，建设有游客欢迎中心、信息中心、山地车站、控制中心、沐浴中心、车辆维修区、医务中心等。	2015—2016	4800	2600

续表

序号	所属单位	项目业主	项目名称	建设规模和内容	建设起止年限	总投资（万元）	"十三五"计划投资（万元）
6	莫干山镇	上海凌风投资管理有限公司	翠域木竹坞	项目全部为租赁用地，以大造坞村现有宅基地为基础建设10幢精品民宿。	2015—2017	53000	37132
7	莫干山镇	德清蓝萨电子科技有限公司	德清莫干山良舍度假酒店	项目主要建设内容接待大厅、游客服务中心、酒店主楼及配套设施。	2017—2018	5000	5000
8	莫干山镇	德清莫干山醉清风度假酒店有限公司	莫干山醉清风度假酒店	项目总规划面积38亩，其中建设面积10亩，建设餐饮、旅游、住宿为一体的度假酒店。	2016—2018	8130	8130
9	莫干山镇	上海文旅文化发展有限公司	莫干山艺术创客基地	项目总用地1.1亩，租用原粮食管理站房屋改建成意大利慢生活馆，项目内容将围绕"文创结合、文旅研发、全域体验、乐游莫干"四个方面，以莫干山镇文化创意文化街区建设为核心，通过建设美丽乡村VR馆等一系列文化创意体验场所、引入"一竹一世界"等高端文创类活动及国际公共艺术基金，打造"莫干山艺术创客基地"。	2016—2018	5000	5000
10	莫干山镇	德信控股集团有限公司	莫干山国际文创小镇	项目总用地约4500亩，其中建设用地约1500亩，项目建成后主要建设内容有：全景摄影基地、电影产业园、创客基地、影视院线、主题酒店、养生物业、配套商业设施、室外摄影基地、商业小镇、影视主题乐园和民宿客栈等功能，计划打造一个国际性的影视小镇。	2016—2019	500000	500000

续表

序号	所属单位	项目业主	项目名称	建设规模和内容	建设起止年限	总投资（万元）	"十三五"计划投资（万元）
11	莫干山镇	德清县桃园山庄有限公司	桃源文化聚落	项目计划利用原有土地17.8亩进行改建，改建后总建筑面积约8300平方米，项目改建后有接待中心、咖啡酒吧、山景户外餐厅、户外烧烤吧、中餐厅、客房、休闲区、山景SPA、禅房、儿童乐园、会议室、户外拓展区等，计划打造一个以中国风元素的度假酒店。	2016—2017	17000	17000
12	莫干山镇	德清宿里度假酒店管理有限公司	莫干山宿里FUN集度假酒店	项目位于莫干山上皋坞村，是一所集住宿、餐饮、酒吧、娱乐为一体的综合性豪华度假酒店。	2017—2018	2500	2500
13	禹越镇	德清道一农业科技有限公司	百亩漾农业精品园花间堂精品度假酒店	项目总用地300亩，其中建设用地为60亩，新建精品酒店、苏州园林式江南特色庭院、游客中心、古代建筑楼宇群、深度挖掘千年水乡古镇仙谭文化、新建绿色农产品网络平台等。	2016—2018	62000	62000
14	钟管镇	浙江美丽健生态农业有限公司	美丽健旅游综合体	项目规划总用地面积2016亩，建设用地78亩，项目一期投资1.5亿元，规划用地面积1000亩，建设集企业品牌展示、生态循环示范、亲子休闲体验、湿地观光游览、养老养生度假等多功能于一体的现代农业综合体。	2016—2018	14875	14000
15	钟管镇	浙江德清水样年华文化传播有限公司	古婚俗文化街项目	项目新征土地50亩，租用土地500亩，新增建筑面积25000平方米。建设风格迥异的古民居建筑41幢，发展旅游观光婚庆活动、婚俗文化体验及观光文化街。	2016—2018	58000	58000

续表

序号	所属单位	项目业主	项目名称	建设规模和内容	建设起止年限	总投资（万元）	"十三五"计划投资（万元）
16	洛舍镇	德清洛舍漾生态旅游开发有限公司	洛漾半岛	项目水面面积2175亩，平均水深5米，漾内有两座小岛总面积217.51亩。建成集农业休闲观光项目、地方特色文化、渔船农家乐、水产品研究中心基地、特色农产品基地为一体的农业综合开发利用项目。	2016—2020	15000	15000
17	舞阳街道	浙江乐富文化旅游投资管理有限公司	中国莫干山.象月湖国际休闲度假谷	项目建设用地约215亩。主要包括：露营、垂钓、马场、健行登山、山地自行车、拓展训练、酒店、度假别墅及相关配套。	2020—2022	102000	10000
18	舞阳街道	杭州途易集团有限公司	德清莫干山沈园户外营地	项目总占地4000亩，其中建设用地需征收35亩，租用3965亩，新增建筑面积25000平方米，主要打造集房车营地、越野赛事、休闲运动、旅游度假于一体的旅游综合体。	2016—2019	52500	52500
19	阜溪街道	浙江天悦一龙置业发展有限公司	歌林小镇	项目总用地约3900亩，建设用地150亩，计划建筑面积31.8万平方米，主要包括酒店、研发中心、博物馆、生态保健中心、度假疗养中心等设施。	2009—2016	68000	68000
20	下渚湖街道、下渚湖管委会	开元旅业集团有限公司	开元森泊下渚湖旅游度假项目	项目总用地面积为1700亩，其中建设用地450亩，租赁用地1250亩。项目分为两大区块：一是中央设施区块，建设包括室内外水上乐园、儿童乐园、餐饮中心、商业广场、配套设施等，总建筑面积约5万平方米；二是度假屋区块，包含度假屋及相关配套等，总建筑面积约6万平方米。	2016—2019	150000	150000

续表

序号	所属单位	项目业主	项目名称	建设规模和内容	建设起止年限	总投资（万元）	"十三五"计划投资（万元）
21	下渚湖街道、下渚湖管委会	庆丰香港有限公司资溪新云峰木业有限公司	下渚湖度假村	项目总面积345亩，其中租地300亩，征用45亩，项目主要建设集会议、餐饮、休闲娱乐为一体的旅游度假村。	2016—2017	10000	10000
总计						1319005	1156482

附件 4

ICS 03.080.30
A 12

DB330521

德 清 县 地 方 标 准 规 范

DB 330521/T 30—2015

乡村民宿服务质量等级划分与评定

The demarcation and evalution of service quality rank of rural homestays

2015 - 05 - 06 发布   2015 - 06 - 01 实施

德清县市场监督管理局   发 布

前　　言

本标准依据 GB/T 1.1–2009《标准化工作导则 第 1 部分：标准的结构和编写》
给出的规则起草。

本标准由德清县旅游委员会提出并归口。

本标准起草单位：德清县旅游委员会、浙江省标准化研究院、德清县市场监督管
理局、国际休闲产业协会休闲乡村专业委员会、伴城伴乡上海城乡互动发展促进
中心。

本标准起草人：杨国亮、奚经龙、邵坤泉、朱至珍、张易文。

本标准为首次发布。

乡村民宿服务质量等级划分与评定

1　范围

本标准规定了乡村民宿的术语和定义、服务质量基本要求、等级划分条件及评定规则。
本标准适用于在本县域内开展经营的乡村民宿。

2　规范性引用文件

下列文件对于本文件的应用是必不可少的。凡是注日期的引用文件，仅所注日期
的版本适用于本文件。凡是不注日期的引用文件，其最新版本（包括所有的修改单）
适用于本文件。

GB 3095–1996 环境空气质量标准

GB 5749 生活饮用水卫生标准

GB/T 10001.1 标志用公共信息图形符号 第 1 部分：通用符号

GB/T 10001.2 标志用公共信息图形符号 第 2 部分：旅游休闲符号

GB 14934 食（饮）具消毒卫生标准

GB 16153 饭馆（餐厅）卫生标准

GB/T 18973 旅游厕所质量等级的划分与评定

LB/T 007 绿色旅游饭店

3 术语与定义

下列术语和定义适用于本标准。

3.1

乡村民宿

经营者利用乡村房屋，结合当地人文、自然景观、生态环境及乡村资源加以设计改造，倡导低碳环保、地产地销、绿色消费、乡土特色，并以旅游经营的方式，提供乡村住宿、餐饮及乡村体验的场所。

3.2

文化主题

在乡村民宿的建筑设计、空间布局、装修装饰、服务内容和方式等方面，体现某种具有地域、民族或乡土特色的文化内涵。

4 等级划分

依据乡村民宿的经营场地、接待设施、安全管理、环境保护、服务水平、主题特色等软硬件水平进行评分确定，按照分数由低到高，将乡村民宿依次划分标准民宿、优品民宿、精品民宿三个等级。

5 基本要求

5.1 经营场地

5.1.1 符合本辖区内的土地利用总体规划、城乡建设规划和乡镇乡村旅游民宿发展总体规划。

5.1.2 建筑不占用公路建筑控制区，不占用水利红线，不破坏林地，无自然灾害（如塌方、洪水、泥石流等）和其他影响公共安全的隐患。

5.1.3 有合法的土地和房屋使用证明。

5.2 接待设施

5.2.1 接待设施基本齐备，质价相符，旅客体验满意。

5.2.2 交通设施完善，交通组织便捷。

5.2.3 各活动区配套、安全设施齐全有效。

5.2.4 通讯设施完善，确保畅通。

5.2.5 设有行路、场所等公共信息图形符号，且符合 GB/T 10001.1 和 GB/T 10001.2 的规定。

5.3 安全管理

5.3.1 治安消防管理应符合当地民宿治安消防安全的有关规定。

5.3.2 明确乡村民宿的法定代表人或负责人是其民宿公共安全、消防安全及食品安全的第一责任人，对其民宿公共安全、消防安全及食品安全负全面责任，并参加各类相关知识培训。

5.3.3 易发生危险的设施、地段等标有警示标志。

5.3.4 经营用房结构安全，门窗、屋顶等房屋构建完备，四周无乱搭乱建设施。

5.3.5 配备必要的、有效的各项安全设施，确保旅客人身及财产安全。

5.3.6 不得设置妨碍旅客隐私的设备或从事影响旅客安宁的任何行为。

5.3.7 自觉遵守法律法规和乡规民约，无影响社会稳定因素存在。

5.4 卫生环保

5.4.1 制定各项卫生制度和措施，定期进行各项卫生检查。

5.4.2 配备专职或兼职卫生管理人员，管理人员必须持有专业知识培训合格证及健康合格证明。

5.4.3 餐饮场所应符合 GB 16153 规定的卫生标准。

5.4.4 食饮具消毒应符合 GB 14934 的规定。

5.4.5 公共卫生间应符合 GB/T 18973 的要求。

5.4.6 有完善的给排水设施，用水（包括自备水源和二次供水）符合 GB 5749 的要求。

5.4.7 污水和固体废弃物处理符合当地环保部门的规定。

5.4.8 无建筑、装修、噪音污染，室内环境符合人体健康要求。

5.4.9 经营场所周围环境整洁，25 m 内无有毒有害气体排放等污染源。

5.4.10 遵守相关卫生和环保法律、法规和规章。

5.5 服务要求

5.5.1 树立旅客至上、优质服务的宗旨。

5.5.2 在规范化服务的基础上，提倡特色化服务。

5.5.3 从业人员应掌握旅游接待服务基本知识，文明礼貌，服务态度热情。

5.5.4 产品销售和服务实行明码标价，遵守价格相关法律，不得纠缠消费者或强行向消费者销售商品、提供服务。

6 服务质量等级划分条件

6.1 标准民宿

6.1.1 经营场地

6.1.1.1 交通条件能满足旅客的进入及出行需要。

6.1.1.2 室外接待区域根据经营需要，进行适当的绿化、硬化处理。

6.1.1.3 经营用房四周生态环境良好，空气质量符合 GB 3095–1996 规定的二级及以上标准。

6.1.2 接待设施

6.1.2.1 厨房布局、流程合理，配备通风排烟设施和消防设施，并设有隔油池。有冷藏、冷冻、消毒设施，食品和非食品存放场所分设。食品原料和餐具分开清洗，厨具卫生并及时消毒，厨房整洁卫生，防止蚊、蝇、鼠及其他害虫的进入和隐匿。地面经硬化防滑处理。

6.1.2.2 餐厅布局合理、宽敞，采光、通风好，整洁卫生。餐具、酒具等各种器具配套，有消毒设施并及时消毒，有卫生的存放空间。

6.1.2.3 食品来源和食品加工符合食品卫生要求。至少提供早餐，如不能供餐需提供替代方案。

6.1.2.4 客房结构布局合理，采光、通风、隔音良好，整洁卫生。家具配置齐全，摆放合理，体量适当。根据气候需要配备取暖或降温设备。配备拖鞋等基本生活用品，且使用性能良好。床单、被套、枕套等床上用品以浅色为主，并做到一客一换，且定期消毒。

6.1.2.5 客厅布局合理，动线设计顺畅，整洁卫生，功能完善。采光、通风条件好。各类设施摆放合理。

6.1.2.6 至少有一间公共卫生间，整洁卫生。采光、通风、照明条件好。冲洗设备完好，且有手纸框、洗手池（备有洗涤用品）等辅助设施。卫生间内适当装修，地面经防滑处理，有明显的指示标志和防滑标志。

6.1.2.7 75%以上客房内单设卫生间。上下水设备完好，干湿分离，清洁卫生。配备梳妆镜、洗脸盆。地面经防滑处理。24 小时供应冷、热水。

6.1.2.8 附近有供旅客专用停车场地，车辆管理规范，停放安全有序。

6.1.3 安全管理

6.1.3.1 制订和完善火灾、食品安全、治安事件、设施设备突发故障等各项突发事件的处置应急预案。

6.1.3.2 建立安全巡查制度，并能在适当时间进行安全巡查。

6.1.3.3 每间客房内需在明显位置张贴疏散逃生标识或示意图。

6.1.3.4 水、电、气等设施设备、门窗及其他室内室外设施、器具安全可靠，定期检查、维修和保养。

6.1.3.5 备有消防、防盗、救护、应急照明等设施，定期检查，确保完好有效。

6.1.3.6 治安消防安全管理等级应达到 C 级及以上标准要求，新建项目应达到 B 级及以上标准要求（见附录 A 至附录 C）。

6.1.3.7 主要从业人员掌握基本急救知识及操作技能。

6.1.4 环境保护

6.1.4.1 经营场所有专人打扫，基本上无污水、污物，无乱扔乱放。

6.1.4.2 旅游服务设施建设、经营服务活动等不破坏周边自然资源和生态环境。

6.1.4.3 公共场所内应设置醒目的禁止吸烟警语和标志。

6.1.4.4 生活污水集中收集，集中处理。

6.1.4.5 有一定数量的垃圾桶，实行垃圾分类处理。

6.1.5 服务要求

6.1.5.1 制定服务接待岗位规章制度和操作规范，并按规定提供服务。

6.1.5.2 50% 以上从业人员能用普通话进行接待服务。

6.1.5.3 从业人员着装应整洁大方。

6.1.5.4 设有旅游服务质量投诉电话和意见簿。无严重质量投诉，旅客满意度达 80% 以上（满意度调查问卷参见附录 D）。

6.1.5.5 提供公用电话、信息查询、小件物品寄存、当地旅游资源介绍及宣传品、雨具出借等综合服务。

6.1.6 主题特色

6.1.6.1 文化主题定位明确，表现基本到位。

6.1.6.2 建筑室内室外设计体现出主题性。

6.2 优品民宿

6.2.1 经营场地

6.2.1.1 交通条件状况较好，基本实现路面硬化，能满足自驾游需求。

6.2.1.2 经营用房主体建筑结构合理，建筑外立面及室内经过设计，具有明显的乡村风情及地方特色。

6.2.1.3 室外接待区域根据经营需要，进行适当的绿化、硬化、美化处理。提供室外休闲活动的空间。

6.2.1.4 经营用房四周生态环境好，空气质量符合 GB 3095-1996 规定的一级标准。

6.2.2 接待设施

6.2.2.1 厨房布局、流程合理，紧邻餐厅，配备通风排烟设施和消防设施，设有隔油池。有冷藏、冷冻设施和消毒设备，食品和非食品存放场所分设。食品原料和餐具分开清洗，厨具卫生并及时消毒，厨房整洁卫生，防止蚊、蝇、鼠及其他害虫的进入和隐匿，有专门放置临时垃圾的设施。地面经硬化防滑处理。

6.2.2.2　餐厅经过精心装修，布局合理、宽敞，采光、通风好，整洁卫生。餐具、饮具等各种器具配套，无破损，有消毒设施并及时消毒，有卫生的存放空间。有防蚊蝇、蟑螂等设施。

6.2.2.3　食品来源和食品加工符合食品卫生要求，台帐记录完整，食品来源可以追溯。有能力提供一日三餐，如不能供餐需提供替代方案。

6.2.2.4　客房结构布局合理，照明、采光、通风、隔音条件良好，舒适宽敞。家具配置齐全，摆放合理，体量适当。根据气候需要配备舒适型取暖或制冷设备。配备拖鞋等基本生活用品，且使用性能良好。床单、被套、枕套等床上用品以浅色为主，并做到一客一换，且定期消毒。客房每日至少打扫一次，整洁卫生，做到应叫服务。

6.2.2.5　客厅布局合理，动线设计顺畅，整洁卫生，功能完善。采光、通风条件好。各类设施及摆件配置合理，位置恰当。

6.2.2.6　至少有一间公共卫生间，整洁卫生。采光、通风、照明条件好，有除臭措施。冲洗设备完好，有手纸框、洗手池（备有洗涤用品）、镜台等辅助设施。卫生间适当装修，地面经防滑处理，有明显的指示标志和防滑标志。

6.2.2.7　所有客房内单设卫生间。配有抽水马桶及洗浴设施，干湿分离，清洁卫生。配备梳妆镜、洗脸盆。地面经防滑处理。24 小时供应冷、热水。

6.2.2.8　附近有供旅客专用停车场地，车辆管理规范，停放安全有序，且容量能满足旅客接待量需求。

6.2.3　安全管理

6.2.3.1　制订和完善火灾、食品安全、治安事件、设施设备突发故障等各项突发事件的处置应急预案。

6.2.3.2　建立安全巡查制度，并在固定时间派专人进行安全巡查。

6.2.3.3　每间客房内需在明显位置张贴疏散逃生标识或示意图，以及公安、消防、医院、民宿紧急联络电话。

6.2.3.4　水、电、气等设施设备、门窗及其他室内室外设施、器具安全可靠，指定专人进行定期检查、维修和保养。

6.2.3.5　备有消防、防盗、救护、应急照明等设施，由专人负责维护管理，每年至少进行一次全面检查，确保完好有效。

6.2.3.6　治安消防安全管理等级应达到 B 级及以上标准要求（见附录 A、附录 B）。

6.2.3.7　主要从业人员掌握基本急救知识及操作技能。备有旅客常用、应急的非处方药品。

6.2.4　环境保护

6.2.4.1　经营场地有专人打扫，无污水、污物，无乱扔乱放，无异味。

6.2.4.2　旅游服务设施建设、经营服务活动等能保护好周边自然资源和生态环境。

6.2.4.3　公共场所内应设置醒目的禁止吸烟警语和标志，并能对吸烟者进行劝阻。

6.2.4.4　生活污水集中收集，有效处理后达标排放。

6.2.4.5　设置一定数量垃圾桶，桶体完好、有盖，表面整洁。生活垃圾集中收集，进行垃圾分类，统一处理。

6.2.5　服务要求

6.2.5.1　服务接待岗位应制定规章制度和操作规范，并按规定提供服务，定期对从业人员进行培训，有完整记录。

6.2.5.2　从业人员能用普通话进行接待服务。从业人员以家庭成员为主，民宿主人亲自提供服务。

6.2.5.3　从业人员着装应整洁大方，符合整体风格。

6.2.5.4　从业人员可为旅客进行当地旅游景点及民宿自身特色的介绍。

6.2.5.5　设有旅游服务质量投诉电话和意见簿，能及时有效地处理旅客投诉，并能按旅客意见改进服务。无严重质量投诉，旅客满意度达 95% 以上（满意度调查问卷参见附录 D）。

6.2.5.6　有专人为有需求的旅客提供游线及行程的安排。

6.2.5.7　24 小时提供接待、咨询、结账和留言等服务。提供信用卡结算、电话预订等服务。

6.2.5.8　提供公用电话、信息查询、小件物品寄存、当地旅游资源介绍及宣传品、本民宿的介绍及宣传品、雨具出借、旅行日常用品、旅游纪念品、土特产品等综合服务。

6.2.5.9 能为残障人士提供有效服务。

6.2.6 主题特色

6.2.6.1 文化主题定位明确，表现到位，内涵健康。

6.2.6.2 主题体现本地文化，在本地区同行业中具有一定的独特性。

6.2.6.3 建筑室内室外设计均能体现出明显的主题性，采用与主题相符的建筑材料装修客房、客厅等地面、墙面和天花板，风格明显；材料的选择遵循地产地销的原则。

6.2.6.4 灯光的设计及运用有助于文化主题的营造，灯光照度适宜，开关与插座位置合理。

6.2.6.5 配置及陈设的艺术品与主题风格相符，形成良好氛围。

6.2.6.6 环境美化设计与主题相适应，绿色植物规划合理，养护情况良好。

6.3 精品民宿

6.3.1 经营场地

6.3.1.1 交通条件便利，路面状况良好，完全满足自驾游需求。

6.3.1.2 经营用房主体建筑结构合理，建筑外立面及室内经过精心设计，具有明显的乡村风情及地方特色，与当地环境协调，有特定的文化内涵。辅助建筑及围墙、大门等附属设施与主体建筑风格协调。

6.3.1.3 室外接待区域根据经营需要，进行绿化、硬化、美化处理，按实用与美观相结合的原则，经专门设计，按服务功能进行布局。室外可绿化地的绿化覆盖率达到100%。提供环境优美的室外休闲活动空间。

6.3.1.4 经营用房四周生态环境好，空气质量符合 GB 3095-1996 规定的一级标准，有特色景观。

6.3.2 接待设施

6.3.2.1 厨房布局、流程合理，紧邻餐厅，配备通风排烟设施和消防设施，设有隔油池。有冷藏、冷冻设施和消毒设备，食品和非食品存放场所分设。食品原料和餐具分开清洗，厨具卫生并及时消毒，厨房整洁卫生，防止蚊、蝇、鼠及其他害虫的进入和隐匿，有专门放置临时垃圾的设施。地面经硬化防滑处理。

6.3.2.2 餐厅经过精心装修，与建筑整体室内室外装修风格协调，布局合理、空间宽敞、格调高雅，采光、通风好，整洁卫生。餐具、饮具等各种器具配套，无破损，有消毒设施并及时消毒，有卫生的存放空间。有防蚊蝇、蟑螂等设施。

6.3.2.3 食品来源和食品加工符合食品卫生要求，台帐记录完整，食品来源可以追溯。提供一日三餐。有专门印制的菜单和饮品单。

6.3.2.4 客房结构布局合理，照明、采光、通风、隔音条件良好，舒适宽敞。家具配置齐全，摆放合理，体量适当。根据气候需要配备舒适型取暖或制冷设备。配备拖鞋等基本生活用品，且使用性能良好。床单、被套、枕套等床上用品以浅色为主，并做到一客一换，且定期进行消毒。客房及公共通道等区域每日至少打扫一次，整洁卫生，做到随叫随时服务。

6.3.2.5 客厅布局合理，动线设计顺畅，整洁卫生，功能完善。采光、通风条件好。各类设施及摆件考究，配置合理，位置恰当，体量适宜，与整体风格协调。

6.3.2.6 至少有一间公共卫生间，且男女分设，厕位各不少于 1 个，有专人负责打扫，整洁卫生。采光、通风、照明条件好，有除臭措施。冲洗设备完好，且有手纸框、洗手池（备有洗涤用品）、镜台等辅助设施。卫生间内适当装修，地面经防滑处理，有明显的指示标志和防滑标志。

6.3.2.7 所有客房内单设卫生间。配有知名品牌的抽水马桶及洗浴设施，干湿分离，清洁卫生，提供免费洗浴用品。配备梳妆镜、洗脸盆。地面经防滑处理，并有防滑标志。24 小时供应冷、热水。

6.3.2.8 自备有供旅客专用停车场地，车辆管理规范，停放安全有序，且容量能满足旅客接待量需求。

6.3.2.9 广告牌、空调机等室外附属设施及线路规范、整洁，视觉效果好。

6.3.2.10 指示符号牌制作精美，中英文双语标识，位置合理。

6.3.3 安全管理

6.3.3.1 制订和完善火灾、食品安全、治安事件、设施设备突发故障等各项突发事件处置应急预案，有年度实施计划，并定期演练，有完整记录。

6.3.3.2 建立安全巡查制度，并在固定时间派专人进行安全巡查。建立旅客人身财产安全保障制度。

6.3.3.3 每间客房内需在明显位置张贴疏散逃生标识或示意图，以及公安、消防、医院、民宿紧急联络电话，保证电话 24 小时畅通。

6.3.3.4 水、电、气等设施设备、门窗及其他室内室外设施、器具安全可靠，指定专人进行定期检查、维修和保养。

6.3.3.5 备有消防、防盗、救护、应急照明等设备，由专人负责维护管理，每半年至少进行一次全面检查，确保完好有效。建立完整的维修、保养、更新制度，每次维修与保养均有记录。

6.3.3.6 治安消防安全管理等级应达到 A 级标准要求（见附录 A）。

6.3.3.7 主要从业人员掌握基本急救知识及操作技能。备有旅客常用、应急的非处方药品。

6.3.4 环境保护

6.3.4.1 经营场地有专人打扫，无污水、污物，无乱扔乱放，无异味。

6.3.4.2 旅游服务设施建设、经营服务活动等能保护好周边自然资源和生态环境。

6.3.4.3 公共场所内应设置醒目的禁止吸烟警语和标志，并能对吸烟者进行劝阻。

6.3.4.4 在不降低旅客舒适度的前提下，客房用品使用符合 LB/T 007 的要求。

6.3.4.5 生活污水集中收集，有效处理后达标排放，设施位置合理，并防渗、密封。

6.3.4.6 设置一定数量的垃圾桶，设计美观，布局合理。桶体完好，有盖，表面整洁。生活垃圾分类收集，统一处理。

6.3.5 服务要求

6.3.5.1 制定服务接待岗位规章制度和操作规范，并按规定提供服务，定期对服务人员进行培训，有完整记录。建立服务质量监督保障体系，定期进行服务质量考核。

6.3.5.2 从业人员能用普通话及英语进行服务和接待。从业人员以家庭成员为主，民宿主人亲自提供服务。

6.3.5.3 从业人员着装应统一，整洁大方，符合整体风格。

6.3.5.4 从业人员可为旅客进行当地旅游景点及民宿自身特色的详细介绍，在服务过程中能为旅客做民宿文化主题的解说。

6.3.5.5 设有旅游服务质量投诉电话和意见簿，能及时有效地处理旅客投诉，并能按旅客意见改进服务。无严重质量投诉，旅客满意度达95%以上（满意度调查问卷参见附录D）。

6.3.5.6 提供管家式服务，指派专人为对应的旅客提供在住宿期间有关吃、住、行等各方面的全程安排和规划。

6.3.5.7 设有专门的住宿登记接待处。24小时提供接待、咨询、结账和留言等服务。提供信用卡结算、电话预订等服务。提供网上查询、预订、付款一站式服务。

6.3.5.8 提供公用电话、信息查询、小件物品寄存、当地旅游资源介绍及宣传品、本民宿的介绍及宣传品，雨具出借、旅行日常用品、旅游纪念品、土特产品等综合服务。能提供贵重物品专用寄存，提供上网、传真、洗衣等服务，收费合理。

6.3.5.9 能为残障人士提供有效的服务。

6.3.5.10 有降低餐饮物资及能源消耗的对策措施。

6.3.5.11 餐厅供应的食物、特色产品应遵循地产地销的原则，与当地居民或当地产业互动效果良好。

6.3.6 主题特色

6.3.6.1 文化主题定位明确，表现到位，内涵健康。文化主题创建范围覆盖所有营业区域产品、服务，文化氛围浓厚。

6.3.6.2 项目特色文化在本地区内同行业中具有一定的独特性，在地域文化中有代表性。

6.3.6.3 建筑室内外设计均能体现出明显的主题性，采用与主题相符的建筑材料装修客房、客厅等地面、墙面和天花板，工艺精良，风格突出，形成浓郁主题氛围；材料的选择做到地产地销的原则。

6.3.6.4 灯光的设计及运用有助于文化主题氛围的营造，灯光照度适宜，目的物照明效果良好。灯饰造型有特色，符合主题风格。开关与插座位置合理。

6.3.6.5 配置及陈设的艺术品与主题风格相符，形成良好文化氛围。

6.3.6.6 环境美化设计与主题相适应，绿色植物规划合理，造型美观，养护情况良好。

6.3.6.7　餐厅的餐饮用具及菜单设计、餐饮出品配合文化主题的展示，并形成特色菜系列。

6.3.6.8　背景音乐曲目适宜，音质良好，音量适中，能烘托主题文化气氛。

7　评定规则

7.1　申报

按自愿申请的原则，逐级上报，并提供相关材料：《德清县乡村民宿服务质量等级评定申请表》、营业执照、税务登记证、卫生许可证、特种行业许可证、餐饮服务许可证、经营用地合法证明等材料原件及复印件。试营业一年后方可申请服务质量等级评定。

7.2　责任分工

由乡镇联系相关部门对申请单位按本标准第五章要求进行审查，现场核实情况，并将现场评估结果及时上报县民宿发展协调领导小组办公室。对通过初审的申请单位，由县民宿发展协调领导小组办公室牵头，组织专家组进行最终评定。

7.3　日常管理

由县民宿发展协调领导小组办公室负责对获得服务质量等级评定的乡村民宿进行监督管理。每年复核一次，在检查和复核时，如果服务质量水平下降，达不到本标准规定要求的，由县民宿发展协调领导小组办公室提出意见，限期整改，整改达不到要求的进行降级处理或取消相应的称号。自取消之日起一年内，不予恢复或重新登记申请，一年后方可重新申请。

附录 A

（规范性附录）
德清县乡村民宿治安消防安全管理 A 级标准

A.1 治安消防安全管理 A 级标准

A.1.1 治安安全管理标准

治安安全管理 A 级标准应在满足 B 级标准的基础上，同时满足以下要求：

a）主要出入口、通道、前台、停车场、楼道、室外主要活动场所安装监控设施，并保存监控记录 30 天以上；

b）易发生危险的设施、地段标有明显的警示标志；

c）落实符合治安管理的人防、物防、技防设施，对监控落实人员实行全天 24 小时值班制度；

d）每月组织一次对重点部位和物防、技防设施进行检查，及时发现隐患，及时整改，并作书面记录；

e）应有明确的治安保卫组或治安责任人，配备足够数量的专职保安人员；

f）建立突发事件处理应急机制，主要从业人员具有在紧急情况下旅客疏散、电话报警、快速救援等知识和技能。

A.1.2 消防安全管理标准

消防安全管理 A 级标准应在满足 B 级标准的基础上，同时满足以下要求：

a）主体建筑耐火等级不低于二级，且吊顶及墙面装修应采用燃烧性能不低于 A 级的材料（难燃材料），其他部位装修应采用燃烧性能不低于 B1 级的材料（可燃材料）。当该建筑设置自动喷水灭火系统时，装修材料可降低一个等级；

b）周边 150 m 范围内应设有消防水源，当消防水源为天然水源时，应设置取水口，储水量不少于 150 m³；

c）密集区所在村（社区）或者服务中心应建立志愿消防队伍，配备必要的消防装备；

d）应修建便于车辆通行的消防车道，且消防车能到达离乡村民宿建筑 20 m 范围内；

e）工作人员应取得《人员密集场所从业人员消防培训结业证》。

附 录 B

（规范性附录）
德清县乡村民宿治安消防安全管理 B 级标准

B.1 治安消防安全管理 B 级标准

B.1.1 治安安全管理标准

治安安全管理 B 级标准应在满足 C 级标准的基础上，同时满足以下要求：

a）主要出入口、前台安装监控设施，并保存监控记录 30 天以上；

b）定期对员工开展安全教育，通报相关情况，并有书面记录；

c）落实符合治安管理的人防、物防、技防设施；

d）应有明确的治安保卫组或治安责任人，配备专兼职保安人员；

e）主要从业人员经过消防、治安等安全知识培训，掌握安全设备使用的基本技
能，并具有在紧急情况下旅客疏散、电话报警、快速救援等知识和技能。

B.1.2 消防安全管理标准

消防安全管理 B 级标准应在满足 C 级标准的基础上，同时满足以下要求：

a）主体建筑耐火等级不低于二级，且吊顶及墙面装修应采用燃烧性能不低于 B1 级的
材料（难燃材料），其他部位装修应采用燃烧性能不低于 B2 级的材料（可燃材料）；

b）主体建筑耐火等级低于二级时，阁楼夹层需设置独立式烟感报警系统，并联
动接入主机；

c）厨房与其他部位采用乙级防火门进行分隔；

d）安全管理员持有《消防安全管理人结业证》；

e）管理人员和工作人员能"检查和整改火灾隐患、扑救初期火灾、组织引导人
员疏散逃生、开展消防安全知识宣传教育培训"，达到一般人员密集场所"四
个能力"建设标准。

附 录 C
（规范性附录）
德清县乡村民宿治安消防安全管理 C 级标准

C.1 治安消防安全管理 C 级标准

C.1.1 治安安全管理标准

治安安全管理 C 级标准，应同时满足以下要求：

a）按照公安机关管理要求安装旅馆业治安管理信息系统并能正常使用；

b）主要出入口安装监控设施，并保存监控记录 30 天以上；

c）接待境外人员的乡村民宿应制作中英文《旅客住宿须知》和各类提示牌；

d）定期对员工开展安全教育；

f）落实符合治安管理的安全防范设施；

e）按"四实"要求登记住宿人员姓名、证件号码。接待境外人员住宿，应按照
　　要求如实准确登记各项内容，接待境外人员应及时向公安机关报告；

f）应有明确的治安责任人；

g）指定专人负责旅客信息登记传输工作；

h）无卖淫嫖娼、赌博、吸毒、传播淫秽物品等违法犯罪活动；

i）实行 24 小时值班制度，及时发现可疑情况和违法犯罪活动；

j）住客登记、值班、贵重物品保管、消防制度台帐齐全；

k）与派出所签订治安责任书；

l）主要从业人员掌握基本安全知识和使用安全设备的基本技能，并具有在紧急
　　情况下电话报警等基本知识。

C.1.2 消防安全管理标准

消防安全管理 C 级标准，应同时满足以下要求：

a）乡村民宿及其所在主体建筑的耐火等级不应低于二级，但屋顶承重构件可采用燃烧体（乡村民宿及其所在主体建筑原耐火等级不低于二级，但是所在建筑装修材料大量使用低于 B2 级的，且占建筑吊顶、墙面面积 90% 以上，应按照耐火等级低于二级标准核定，如装有自动喷水灭火系统时，可按原主体建筑耐火等级核定）；当建筑耐火等级低于二级时，建筑层数不应超过 2 层且每层最大建筑面积不应大于 200 ㎡，且应设置自动喷水灭火系统或者简易自动喷水灭火系统，如果设置高位水箱距喷头安装高度最高处落差不应小于 5 m，末端试水压力不小于 0.1 MPA，水箱容量不少于 50 m³；同时还应设置独立式烟感报警器，确保每个房间、过道及辅助用房都在报警器保护范围内，同时在前台设置接收主机；

b）乡村民宿及其所在建筑中零售、餐饮、美容美发等辅助功能用房不应设在地下室，应设在首层或者二层，且其建筑面积不应大于 200 ㎡；乡村民宿内严禁设置公共娱乐场所，乡村民宿附近严禁设置燃油、燃气锅炉房；

c）乡村民宿及其所在主体建筑至少有一个能供火灾扑救的立面，该立面不应安装影响逃生和火灾扑救的固定防盗网、金属栅栏、广告牌等遮挡物。3 层及 3 层以上房间的窗户或者阳台不得设置金属栅栏。确需设置金属栅栏的，应当能从内部易于开启；

d）乡村民宿的疏散楼梯不应少于 2 部，若确有困难时，可设置 1 部疏散楼梯；

1）当房屋主体建筑的耐火等级不低于二级应符合下列条件：

◆ 楼梯间应通向屋顶平台，通向屋顶平台的门或窗应向外开启；

◆ 乡村民宿所在建筑为 3 层及 3 层以下时，其每层最大建筑面积不大于 200 ㎡；乡村民宿所在建筑为 4 层时，其每层最大建筑面积不大于 150 ㎡；

◆ 在 3 层及 3 层以上，每间房间应当配置逃生绳、逃生面具、手电筒等逃生设施，并在利于逃生位置处设有支撑点，且应采取保护措施。

2）当房屋主体建筑的耐火等级低于二级应符合下列条件：

◆ 每个房间应设置阳台或平台，确有困难时，需每层设置有两个安全出口；

◆ 疏散楼梯背面应设置自动喷水灭火系统，喷水强度不低于 6 L/min. ㎡，喷头最大间距不大于 3 m，喷头工作压力不低于 0.05 MPa；

◆ 每间房间显著位置上应当配置逃生绳、逃生面具、手电筒等逃生设施，并在利于逃生位置处设置支撑点，且应采取保护措施。

f）乡村民宿内的疏散楼梯应采用室内封闭楼梯间或者室外疏散楼梯，确有困难时，可采用敞开楼梯间；疏散楼梯应采用不燃烧体，当设有自动喷水灭火系统时，疏散楼梯可采用其他材料；公共疏散走道和疏散楼梯净宽度不应小于1.1 m；疏散通道和安全出口应保持畅通，严禁在疏散通道、安全出口处堆放物品影响疏散；

g）每层不少于 2 具的标准配备灭火器；每层建筑面积超过 100 ㎡ 的，应按每 50 ㎡ 1 具的标准配备灭火器。灭火器应当选用 2 kg 以上的 ABC 干粉灭火器，宜放置在公共部位；

h）开关、插座和照明器靠近可燃物时，应采用隔热、散热等保护措施，白炽灯、镇流器等不应直接设置在可燃装修材料或者可燃构件上。明敷设的电气线路应穿阻燃硬质 PVC 或者金属管保护；

i）应在楼梯间、疏散走道及其转角处设置消防应急照明灯具，在安全出口和疏散走道处设置灯光疏散指示标志；

j）乡村民宿除厨房外，不得使用明火，不应使用、存放液化石油气罐和甲、乙、丙类易燃可燃液体。厨房与其他部位应当采取分隔措施，并设置自然排风窗。

附　录　D

（资料性附录）

德清县乡村民宿服务质量满意度调查问卷

德清县乡村民宿服务质量满意度调查问卷

问卷编号_____

尊敬的旅客：

　　您好！我们正在进行一项乡村民宿服务质量满意度方面的调查，您所提供的资料将有助于我们不断提高乡村民宿服务质量水平，使您得到质价相符的服务。请您协助我们填写这张调查问卷，希望能够得到您的支持！谢谢！

旅客基本情况（在方框中打钩）

姓名：_____　联系电话：_____

年龄：小于25岁□　　　26岁～35岁□　　　36岁～45岁□　　　大于45岁□

性别：男性□　　　　　　　　　　　女性□

职业：行政机关□　　　事业单位□　　　自由职业□　　　企业□　　　农民□

　　　学生□　　　　其他□

请回答以下问题，并在所选的选项上打"√"

Q1. 您对本乡村民宿周边环境（绿化、卫生、安静程度）满意吗？

A 非常满意　　　　　　　　　　　　B 比较满意

C 一般　　　　　　　　　　　　　　D 比较不满意

E 非常不满意

Q2. 您对本乡村民宿周围的交通状况满意吗？

A 很好，非常便捷　　　　　　　　　　　B 好，比较方便

C 一般，基本畅通　　　　　　　　　　　D 差，不方便

E 很差，很不方便

Q3. 您对本乡村民宿的整体印象如何（包括建筑布局、装饰装修、设施设备、文化主题氛围等）？

A 非常好　　　B 比较好　　　C 一般　　　D 不好　　　E 很不好

Q4. 您觉得本乡村民宿工作人员的整体服务态度如何？

A 非常好　　　B 比较好　　　C 一般　　　D 不好　　　E 很不好

Q5. 您觉得本乡村民宿的安全状况如何？

A 非常好　　　B 比较好　　　C 一般　　　D 不好　　　E 很不好

Q6. 您觉得本乡村民宿的客厅布局、功能、环境氛围及服务如何？

A 非常好　　　B 比较好　　　C 一般　　　D 不好　　　E 很不好

Q7. 您觉得本乡村民宿的餐厅布局、环境卫生、食品安全及服务如何？

A 非常好　　　B 比较好　　　C 一般　　　D 不好　　　E 很不好

Q8. 您觉得本乡村民宿的客房舒适度、设施设备、环境卫生及服务如何？

A 非常好　　　B 比较好　　　C 一般　　　D 不好　　　E 很不好

Q9. 您认为本乡村民宿的管理制度、管理方式、管理水平如何？

A 非常好　　　B 比较好　　　C 一般　　　D 不好　　　E 很不好

Q10. 您认为该乡村民宿的整体性价比如何？

A 很高，物超所值　　　　　　　　　　　B 较高、物有所值

C 一般，可以接受　　　　　　　　　　　D 较低，不满

E 很低，非常不满

Q11. 您对本乡村民宿有什么意见和建议：

策划编辑：王　丛
责任编辑：陈　冰
责任印制：冯冬青
封面设计：中文天地

图书在版编目（CIP）数据

全域旅游的德清模式 / 德清县文化和广电旅游体育
局，北京联合大学旅游学院编著 . -- 北京：中国旅游出
版社，2021.12
（全域旅游创新模式研究丛书 / 戴学锋主编 . 第二
辑）
ISBN 978-7-5032-6678-2

Ⅰ . ①全…　Ⅱ . ①德…　②北…　Ⅲ . ①地方旅游业 –
旅游业发展 – 研究 – 德清县　Ⅳ . ① F592.755.4

中国版本图书馆 CIP 数据核字（2021）第 038859 号

书　　名：全域旅游的德清模式

作　　者：德清县文化和广电旅游体育局　北京联合大学旅游学院　编著
出版发行：中国旅游出版社
　　　　　（北京静安东里 6 号　邮编：100028）
　　　　　http://www.cttp.net.cn　E-mail: cttp@mct.gov.cn
　　　　　营销中心电话：010-57377108，010-57377109
　　　　　读者服务部电话：010-57377151
排　　版：北京中文天地文化艺术有限公司
印　　刷：北京金吉士印刷有限责任公司
版　　次：2021 年 12 月第 1 版　2021 年 12 月第 1 次印刷
开　　本：787 毫米 × 1092 毫米　1/16
印　　张：16
字　　数：260 千
定　　价：78.00 元
I S B N　978-7-5032-6678-2